Allegria

Die Autorin

Safi Nidiaye war ursprünglich Journalistin und wurde durch ihre Arbeit als Medium eine der bekanntesten spirituellen Lehrerinnen im deutschsprachigen Raum. Im Mittelpunkt ihrer Seminare stehen die Beschäftigung mit dem Höheren Selbst und eine praktische Methode um »vom Kopf ins Herz« zu kommen. Sie lebt und arbeitet in der Nähe von München. Zu ihren erfolgreichsten Büchern gehört der Bestseller *Liebe ist mehr als ein Wort.*

Von Safi Nidiaye sind in unserem Hause erschienen:

Der entscheidende Schritt (Allegria)
Das Tao des Herzens
Die Weisheit der Inneren Stimme
Ihr höheres Selbst
Liebe ist mehr als ein Gefühl
Den Weg des Herzens gehen
Aufwachen und Lachen
Probleme lösen mit Meditation
Herz öffnen statt Kopf zerbrechen

Safi Nidiaye

Probleme lösen mit Meditation

Selbsthilfe für den Alltag

Ullstein

Besuchen Sie uns im Internet:
www.ullstein-taschenbuch.de

Allegria im Ullstein Taschenbuch
Herausgegeben von Michael Görden

FSC
Mix
Produktgruppe aus vorbildlich bewirtschafteten Wäldern und anderen kontrollierten Herkünften
www.fsc.org Zert.-Nr. SGS-COC-001940
©1996 Forest Stewardship Council

Dieses Taschenbuch wurde auf FSC-zertifiziertem Papier gedruckt.
FSC (Forest Stewardship Council) ist eine nichtstaatliche, gemeinnützige Organisation, die sich für eine ökologische und sozialverantwortliche Nutzung der Wälder unserer Erde einsetzt.

Ullstein Taschenbuch ist ein Verlag der Ullstein Buchverlage GmbH, Berlin.
Neuausgabe im Ullstein Taschenbuch
1. Auflage August 2007
2. Auflage 2010

Umschlaggestaltung: FranklDesign, München
Titelabbildung: Shivananda Ackermann
Gesetzt aus der Bembo
Satz: LVD GmbH, Berlin
Papier: Pamo Super von Arctic Paper Mochenwangen GmbH
Druck und Bindearbeiten: GGP Media GmbH, Pößneck
Printed in Germany
ISBN 978-3-548-74204-5

Inhalt

Vorbemerkung zu diesem Buch

Seit vielen Jahren beschäftige ich mich mit Meditation. In einem früheren Buch »Meditation löst Lebensprobleme« habe ich mich bereits damit auseinandergesetzt, wie Meditation helfen kann, Probleme im Alltag zu lösen. Meine damaligen Erfahrungen habe ich nun um die Erkenntnisse aus der körperzentrierten Herzensarbeit – einer von mir in den Jahren nach Erscheinen jenes Buches entwickelten meditativen Methode zum Aufspüren und Integrieren verdrängter Emotionen – ergänzt.

Safi Nidiaye

Einführung

Jesus hat gesagt: »Wenn die, welche euch anführen, zu euch sagen: Das Königreich ist im Himmel, so werden euch die Vögel in das Himmelreich voranfliegen. Wenn sie euch sagen, es ist im Meer, dann werden euch die Fische vorangehen. Aber das Königreich ist in eurem Innern und es ist in eurem Äußeren …«
Apokryphen, Thomas-Evangelium, Logion 3

Seit Urzeiten gibt es Menschen, die die Realität und die Fragen unserer Existenz ergründen, indem sie in sich gehen und ihre eigene Natur erforschen. Statt ihre Aufmerksamkeit auf die Erscheinungen der äußeren Welt zu richten, lenken sie sie auf das innere Wesen, das sich hinter ihnen verbirgt und durch sie ausdrückt. Diese Menschen nennt man Mystiker und ihre Tätigkeit – die eher ein Nicht-Tun ist als eine Tätigkeit – Meditation. Der wohl bekannteste Vertreter dieser Spezies ist der Buddha, der zur Erleuchtung gelangte, indem er sich unter einen Baum setzte und beschloss, nicht eher aufzustehen, bis er Antwort auf seine Fragen zur menschlichen Existenz (vor allem auf die Frage, wie man vom Leid befreit werden könne) erhalten hatte.

Große Mystiker gibt es in allen Religionen und spirituellen Traditionen der Welt; von Lao-Tsu bis Meister Eckhardt und von Hildegard von Bingen bis zum Dalai Lama. Und auch in unserer heutigen Zeit gibt es im europäisch-amerikanischen Kulturkreis mehr und mehr Menschen, die meditieren, darunter auch viele Prominente, die sich dazu bekennen – angefangen bei den Beatles bis hin zu Richard Gere, um nur die bekanntesten Namen zu nennen. Längst geht es dabei nicht mehr um eine Angelegenheit, die weltfremd und lebensuntauglich macht. Sondern vielmehr hat sich die Meditation inzwischen als überaus praktische, lebensbezogene, gesundheits- und Erfolg fördernde Methode erwiesen.

Was ist so gut an Meditation? Grob zusammengefasst: Sie öffnet einem die Augen. Zwar schließt man diese, um zu meditieren – außer in der Zen-Meditation –, aber was man dabei aus seiner Wahrnehmung ausblendet, ist nicht die Realität, sondern eine Welt, die nur aus unserer Perspektive existiert, zusammengesetzt aus der Art, wie wir die Welt aufgrund unserer Sinneseindrücke wahrnehmen, und der Art, wie wir diese interpretieren. Meditation kann uns die Augen öffnen für andere Wege, die Realität wahrzunehmen, für andere Ebenen des Denkens, Fühlens und Seins, für höhere Perspektiven, aus denen heraus man die größeren Zusammenhänge erkennen kann – letztendlich für die Realität hinter der Täuschung: die Wahrheit.

Das, was im Großen gilt, gilt ebenso im Kleinen: Statt die Dinge durch den Filter unserer (hauptsächlich unbewussten) Überzeugungen und mit einer durch Emotionen getrübten Sicht zu interpretieren, können wir lernen, diesen Filter zu entfernen und sie zu sehen, wie sie sind. Darüber hinaus können wir einen Teil unser selbst entdecken, der überhaupt nicht in irgendwelche Probleme verstrickt ist, und wenn wir diesen Teil entdeckt haben, können wir inmitten der Umstände, wie auch immer sie sein mögen, Freiheit finden.

In diesem Buch geht es nicht um Meditation an sich, sondern um diverse Arten von Meditation, die uns helfen, unsere kleinen und großen, akuten und chronischen Probleme zu lösen. Ich schreibe dieses Buch sowohl für Menschen, die keinerlei Erfahrung mit Meditation haben, als auch für solche, die bereits viel meditiert haben und für die gleichwohl die hier vorgestellten Techniken neu und bereichernd sein können.

Die Methoden, die ich in diesem Buch vorstelle, basieren im Wesentlichen auf vier Grundpfeilern:

- der einfachen Basis-Meditation, wie sie im Zen-Buddhismus gelehrt wird (Zazen),
- der körperzentrierten Herzensarbeit – eine von mir aus der Zen-Meditation entwickelte Methode zum Aufspüren und Bewusstmachen verdrängter Emotionen und zur Öffnung des Herzens,
- dem Gedankengut und den kontemplativen Techniken der Sufi-Mystiker und
- dem inneren Wissen (Intuition).

Zen-Buddhismus und Sufismus (Bücher zu diesen Themen finden Sie im Literaturverzeichnis) sind zwei besonders weltzugewandte und lebensbezogene spirituelle Traditionen dieser Welt. Zen (der Weg der Präsenz und der Achtsamkeit) hat uns vor allem das reine Wahrnehmen und im Hier-und-Jetzt-Sein gelehrt; der Sufismus (der Weg des Herzens) lehrt uns die Betrachtung der Probleme aus höherer Perspektive und die Erkenntnis, dass jedes Problem dazu dient, einen neuen Entwicklungsschritt zu tun und eine neue Qualität zu entwickeln. Die von mir entwickelte Methode der körperzentrierten Herzensarbeit ist ein Kind beider Traditionen plus der Intuition und Inspiration, die mir in den früheren Jahren meiner Seminartätigkeit in meiner Eigenschaft als Kanal für höhere Ebenen des Bewusstseins zuteil wurden, und schließlich der Erfahrung meiner eigenen inneren Arbeit und der mit anderen Menschen.

Teil I: Die Grundlagen der Meditation

Was ist Meditation?

Passive Schau ermöglicht uns von Augenblick zu Augenblick,
dessen innezuwerden, was ist.
Mit dem Innewerden dessen, was ist,
überkommt uns unerschöpfliche Liebe, Wärme und Demut.
Jiddu Krishnamurti

Lassen Sie mich zuerst sagen, was Meditation *nicht* ist.
Meditation ist nicht:

- Träumerei
- Trance
- Imagination
- Positives Denken
- Nachdenken
- Entspannung
- Philosophieren

- Wenn wir träumen, dann lassen wir uns geistig treiben.
- In einer Trance ist unsere Aufmerksamkeit auf eine bestimmte Sache gerichtet, und alles andere ist ausgeblendet.
- Imagination bedeutet, die kreative Funktion des Geistes einzuschalten und sich etwas auszumalen (kann zur Meditation gehören, ist aber nicht Meditation). Positives Denken ist ein Versuch, unser Denken und dadurch unsere Realität willentlich zu beeinflussen (während Meditation darin besteht, sich in das Wesen der Realität, so wie es ist, zu versenken).
- Wenn wir nachdenken, interpretieren wir das, was wir

durch unsere Sinneseindrücke erfahren haben, und versuchen es so einzuordnen, dass es für uns Sinn macht.

- Entspannung gehört zur Meditation, ist aber nicht Meditation.
- Und Philosophieren schließlich ist eine Tätigkeit des Verstandes, während Meditation da einsetzt, wo der Verstand aufhört.

Allerdings kann sich aus der Meditation eine Philosophie entwickeln (wie zum Beispiel der Buddhismus). Wenn jedoch das Gedankengebäude, das man aus den Früchten der Meditation errichtet hat, wichtiger ist als die Meditation selbst, dann hat man den Weg der Wahrheit – und nichts anderes ist Meditation – verlassen.

Wenn Sie weder nachdenken noch träumen, wenn Sie wach und präsent sind und Ihr Bewusstsein frei und offen ist, bereit, das wahrzunehmen, was auftaucht (statt über das nachzudenken, was aufgetaucht ist oder auftauchen wird), ohne es zu kommentieren, zu analysieren oder beeinflussen zu wollen und ohne sich mit irgendeinem Standpunkt zu identifizieren, dann befinden Sie sich im Zustand der Meditation.

Wie die meisten Menschen dachte ich früher – bevor ich meditierte –, es sei unmöglich, zu existieren, ohne zu denken (außer im Schlaf). Als ich begann zu meditieren, fand ich es, ebenso wie die meisten Menschen, äußerst schwierig, meine Gedanken zur Ruhe zu bringen. Mit den Jahren entdeckte ich, dass es tatsächlich einen inneren Zustand gibt, in dem keine Gedanken vorhanden sind und man trotzdem wach und bewusst ist. Wenn die Aufmerksamkeit in diesem Zustand auf die Sinneseindrücke gerichtet ist, so nimmt man diese deutlicher wahr als sonst und mit einer ganz anderen Qualität. Statt die

Dinge nur zu betrachten, tritt man mit ihnen in Beziehung. Wenn Sie im Zustand der Meditation beispielsweise eine Pflanze betrachten, so werden Sie nicht nur ihre Gestalt wahrnehmen, sondern auch ihre Gegenwart spüren und mit ihr in Kontakt treten. Es ist, als nähme die Pflanze Sie auch wahr.

Wenn Sie im Zustand der Meditation die Sinnestore jedoch verschließen, wie man es außer beim Zazen in der Meditation allgemein tut, was nehmen Sie dann wahr? Wenn da nichts mehr ist – kein Objekt, auf das das Bewusstsein sich richtet, und kein Gedanke, was ist dann da?

Zunächst einmal scheint da nichts zu sein. Dann aber gibt es immer noch etwas wahrzunehmen: Es gibt ein inneres Hören, ein inneres Schauen; es gibt eine Wahrnehmung von Energie, von Licht, von Stimmung, von Schwingung – eben der feineren Facetten unserer Realität. Durch diese kann man sich auch noch hindurchmeditieren – indem man sie wahrnimmt, statt sich mit ihnen zu identifizieren – und kann so nach und nach immer höhere Ebenen des Seins entdecken, bis man schließlich zu dem erwacht, was man ist – dem wahren Selbst, das sich aller Beschreibung entzieht, da wir es nicht mehr wahrnehmen können, weil wir es selber sind. Dieses Selbst ist nicht das persönliche Ich, es ist etwas völlig Überpersönliches. Aber das persönliche Ich ist Teil und Ausdruck des wahren Selbst.

Statt nun zu versuchen, die Natur der Realität ganz allgemein zu ergründen, kann ich im Zustand der Meditation meine Aufmerksamkeit auch auf ein bestimmtes Thema richten. Beispielsweise auf ein Problem, das mich gerade beschäftigt. Die meisten Menschen tun sich schwer, wenn sie versuchen, sich an die Disziplin der Meditation zu gewöhnen, sind aber sofort hellwach, sobald es um etwas geht, das sie interessiert –

und nichts interessiert uns im Allgemeinen mehr als die Angelegenheiten unseres persönlichen Lebens. Für den Mystiker ist das Thema, das ihn brennender interessiert als alles andere, Gott oder die absolute Wahrheit; für uns gewöhnliche Menschen mag das Interesse an Gott oder der absoluten Wahrheit auch bedeutend sein, aber dringender, aktueller ist in den meisten Fällen, wenn wir ehrlich sind, unser Interesse an den Problemen, die uns gerade zu schaffen machen. Wir können allerdings unsere Probleme mit Gott (oder dem Interesse an der Wahrheit) als Hintergrund betrachten oder ohne ihn. Das ist der entscheidende Unterschied.

Wenn wir Probleme auf die gewöhnliche Weise betrachten – durch Nachdenken und Interpretieren –, hat dies den Vorteil, dass wir uns dabei an etwas festhalten können, was uns verlässlich scheint: Fakten und Vernunft. Es hat allerdings den Nachteil, dass

1. die Fakten nicht das sind, wofür wir sie halten.
2. unsere Sichtweise notgedrungen eingeschränkt ist, weil wir die Dinge aus der engen Perspektive eines einzelnen Menschen betrachten.
3. das Feld, das wir überblicken, eingeschränkt ist, weil die Reichweite unserer Sinnesorgane und unseres Verstandes begrenzt ist.
4. wir alles durch den Filter unserer emotional gefärbten Grundüberzeugungen betrachten, ohne es zu wissen, weil wir gar nicht anders können.

Lassen Sie mich diese Punkte näher erläutern:

1. Fakten sind nicht Fakten

Die Probleme, von denen hier die Rede ist, sind nicht mathematischer oder statistischer Natur, sondern es sind menschliche und zwischenmenschliche Probleme, und hier gibt es keine gesicherten Fakten, sondern nur Interpretationen. Denn niemand von uns ist in der Lage, die Realität objektiv zu betrachten – jeder sieht durch einen Filter. Dieser Filter ist die Art, wie er grundsätzlich denkt und fühlt. Alles, was wir wahrnehmen, wird von unserem Verstand interpretiert, und unser Verstand ist programmiert. Wir wurden von unseren Eltern, Lehrern und sonstigen Begleitern unserer Kindheit und von unserer Gesellschaft dazu erzogen, die Dinge auf eine bestimmte Weise zu verstehen. Hinzu kommt unsere eigene Denkweise, die wir uns aufgrund unserer Lebenserfahrungen und unserer psychischen Veranlagung zugelegt haben. Diese Programmierung unseres Denkens bemerken wir im Allgemeinen nicht. Wir werden ihrer erst dann bewusst, wenn wir entdeckt haben, dass man die Richtung seiner Aufmerksamkeit umdrehen kann: Statt die Welt durch den Filter seiner Denk- und Fühlweise zu betrachten, die Denk- und Fühlweise selber zu betrachten. Das ist der Beginn der Meditation.

Die Technik

1. Beobachten Sie Ihre Gedanken, statt sie nur zu denken. Halten Sie einen Augenblick inne, und betrachten Sie, was gerade in Ihrem Kopf vorgeht. Chaos? Beliebige Gedanken? Oder beschäftigt Sie ein bestimmtes Thema? Beobachten Sie zunächst, was überhaupt in der Welt

Ihrer Gedanken gerade los ist. Stellen Sie sich dann auf ein bestimmtes Thema ein. Denken Sie über das Thema nach wie gewohnt, und beobachten Sie gleichzeitig, was Sie denken. Stellen Sie sich vor, ein außerirdischer Forscher zu sein, der sich in das Gehirn eines Erdlings begeben hat und untersucht, wie diese sonderbaren Wesen denken. Beeinflussen Sie die Gedanken nicht, beobachten Sie sie einfach mit Interesse. »Aha, so denke ich also.«

2. Zu Beginn ist es nicht leicht, die Gedanken »live« zu beobachten; unterbrechen Sie den Gedankenfluss von Zeit zu Zeit und betrachten Sie die letzten Gedanken rückwirkend, so wie man ein Tonband ein Stück zurücklaufen lässt und es noch einmal anhört.

2. Unsere Sichtweise ist eingeschränkt durch unsere Perspektive

Wenn wir uns in einer Konfliktsituation mit anderen Menschen befinden, dann können wir die Situation nur aus unserer Perspektive betrachten. Wir stecken nicht in der Haut der anderen, sondern in unserer eigenen. Wir schauen nicht mit den Augen der anderen, sondern mit unseren eigenen. Ebenso hat jede andere beteiligte Person ihren eigenen Blickwinkel, und aus jedem Blickwinkel sieht die Geschichte ein wenig anders aus. Aus der Perspektive eines unbeteiligten Beobachters ist alles wiederum ganz anders; wobei auch dieser Beobachter seine eigene Sichtweise hat. Niemand sieht die Realität – jeder sieht seine Interpretation der Realität. Weiter eingeschränkt ist unsere Sichtweise dadurch, dass wir neben der äußeren Perspektive noch eine innere Perspektive haben, wenn wir eine bestimmte Angelegenheit betrachten. Wir betrachten sie beispielsweise aus der Perspektive des Beleidigten oder Erzürnten, des Opfers oder des Schuldigen. Oder aus der Perspektive dessen, der kein Verständnis für derlei hat oder der mit dieser oder jener Person sympathisiert, etc.

Die folgende Übung verdanke ich Therapeuten, die die Familienaufstellung nach Hellinger oder ähnliche systemisch orientierte Arbeit praktizieren.

Die Technik

1. Wählen Sie ein Problem oder einen Konflikt, in das/den Sie mit einem anderen Menschen verwickelt sind.
2. Nehmen Sie zwei Stühle und positionieren Sie sie einander gegenüber. Der eine Stuhl repräsentiert Sie selber, der andere Ihren Partner/Gegner in der betreffenden Angelegenheit.
3. Setzen Sie sich auf den Stuhl, der Sie selber repräsentiert. Spüren Sie Ihren Atem. Vergegenwärtigen Sie sich das Problem oder den Konflikt.
4. Heben Sie den Kopf, und schauen Sie Ihrem imaginären Gegenüber in die Augen. Sprechen Sie alles aus, was Sie in der betreffenden Angelegenheit auf dem Herzen haben. Reden Sie so lange, bis Sie alles gesagt haben, was Ihnen dazu wichtig ist. Sitzen Sie dann eine Weile still, spüren Sie Ihren Atem und Ihren Körper, und nehmen Sie wahr, wie Sie sich fühlen.
5. Setzen Sie sich dann auf den anderen Stuhl, und schlüpfen Sie in die Haut des Menschen, mit dem Sie das Problem bzw. den Konflikt teilen. Nun sind Sie dieser andere

Mensch. Spüren Sie Ihren Atem, und vertiefen Sie sich in das Gefühl, der oder die Betreffende zu sein.

6. Heben Sie dann den Kopf, und schauen Sie Ihrem imaginären Gegenüber (nämlich Ihrer eigenen Person) in die Augen. Sprechen Sie nun zu dem Problem alles aus, was in Ihnen auftaucht, während Sie auf dem Stuhl der anderen Person sitzen. Sprechen Sie als diese. Denken Sie nicht nach, wie die Person denken und fühlen könnte, sondern reden Sie einfach unzensiert drauflos.

Wenn alles so läuft, wie es normalerweise läuft, und wenn dies das richtige Thema und der richtige Moment ist, sollte diese Übung Ihnen helfen, die Perspektive der anderen Person zu erfassen und etwas von dem mitzubekommen, was diese fühlt.

Als Variante können Sie noch einen dritten Stuhl hinzusetzen, der einen neutralen Beobachter repräsentiert, oder auch, wenn Ihnen diese Idee vertraut ist, das höhere Selbst. Setzen Sie sich dann zum Schluss auf diesen dritten Stuhl und sprechen Sie das laut aus, was auftaucht, während Sie auf diesem Platz sitzen.

Bei der Auswertung der Übung würde ich nicht empfehlen, das, was Sie gesagt und erfahren haben, als Sie auf dem Stuhl saßen, der den anderen Menschen repräsentierte, unbedingt für die Wahrheit dieses anderen zu nehmen. Aber wenn Sie Glück haben, ahnen Sie anschließend, wie die Dinge aus der Perspektive dieses Menschen aussehen und wie dieser sich fühlt.

3. Das Feld, das wir überblicken, ist eingeschränkt

Unsere Sinnesorgane haben eine bestimmte Reichweite – wir können nur sehen, was in unserer unmittelbaren Umgebung geschieht (allerdings haben wir gelernt, diese durch Mittel der indirekten Wahrnehmung wie Fernsehen, Zeitung etc. zu vergrößern, die aber wiederum nur eine gefilterte Version der Realität vermitteln). Und unser Verstand kann nur begreifen, was er gelernt hat zu verstehen. Für den einen ist die Allgemeine Relativitätstheorie ein Kinderspiel, für den anderen ein böhmisches Dorf.

Die Technik

1. Denken Sie an etwas, das zu Ihrem gesicherten Wissen gehört.
2. Untersuchen Sie dann, woher Sie Ihre Kenntnis beziehen. Ist es unmittelbare eigene Erfahrung? Inwieweit haben Sie diese Erfahrung interpretiert oder verallgemeinert? Könnte man sie auch anders interpretieren? Wenn Sie das Wissen aus zweiter oder dritter Hand haben: Auf wessen ursprüngliche Sinneserfahrung geht es zurück? Und inwieweit wurde diese Sinneserfahrung interpretiert und verallgemeinert? Könnte man sie auch anders interpretieren?
3. Sind Sie sicher, dass Sie wirklich wissen, was Sie wissen? Ist Ihnen klar, wie oft in der Geschichte der Naturwissenschaft alles wieder neu interpretiert wurde, so lange, bis von dem, was wir für Realität halten, nichts Gesichertes oder Sicherbares übrig geblieben ist?

Anmerkung: Diese Übung bewirkt nichts, wenn Sie sie nur lesen. Natürlich leuchtet das ein, und allzu schnell hält man für selbstverständlich, was ich durch meine Fragen andeute. Gleichzeitig aber fährt man fort, das, was man zu wissen meint, für wahr zu halten. Deshalb empfehle ich, die Übung tatsächlich durchzuführen und sie nicht nur zu lesen.

4. Wir betrachten die Welt durch den Filter unserer Überzeugungen

Wenn wir nachdenken, dann interpretieren wir das, was wir hören oder sehen, gemäß der Art, wie wir im tiefsten Inneren denken. Auf dem Grunde unserer Psyche gibt es bestimmte Überzeugungen über uns selbst und die Welt, die wir nie in Frage gestellt haben, weil sie uns gar nicht bewusst sind. Beispielsweise halten wir uns möglicherweise grundsätzlich für abgelehnt und/oder für wenig wert, wir glauben, Glück oder Geld nicht zu verdienen oder dergleichen.

Wir halten die Welt vielleicht für einen Ort, an dem man sich anstrengen muss, oder für einen Ort der Ungerechtigkeit oder was auch immer wir für Grundüberzeugungen hegen. Diese Überzeugungen stellen die Grundbausteine unserer Realität dar, so wie $1 + 1 = 2$ zu den Grundbausteinen der Mathematik gehört. Sie sind uns so lange unbewusst, bis wir anfangen, unser Denken zu beobachten und es in Frage zu stellen.

Die Technik

1. Denken Sie an ein Problem, das Sie gerade beschäftigt. Lassen Sie Ihren Gedanken freien Lauf.
2. Schalten Sie dann den inneren Beobachter ein, und nehmen Sie bewusst wahr, was Sie denken.
3. Können Sie erkennen, welche Grundüberzeugungen und Glaubenssätze sich in Ihren Gedanken ausdrücken? Können Sie wahrnehmen, dass es an der Basis Ihrer Gedanken etwas gibt, das Sie grundsätzlich für wahr halten und nie in Frage stellen würden?
4. Können Sie erkennen, dass dies ein Gedanke ist (so überzeugend er auch sein mag) und nicht unbedingt eine Tatsache? Das ist der Beginn des Erwachens.

In der Meditation lernen wir, unsere Aufmerksamkeit nach innen zu richten. Statt die Welt aus dem Blickwinkel meiner persönlichen Perspektive und durch den Filter meiner unbewussten Überzeugungen und Gefühle zu betrachten, drehe ich meine Blickrichtung um und betrachte den Betrachter. Zunächst einmal entdecke ich dabei, wie ich denke, dann, wie ich mich aufgrund dieses Denkens fühle, und schließlich führt dieses Innewerden zu der Entdeckung, dass die Realität dort draußen und die Realität hier drinnen nicht zwei verschiedene Dinge sind, sondern zwei Aspekte ein- und derselben Realität. Anders gesagt: Sie selber und Ihr Leben sind eins.

Da ist nicht ein »Ich« auf der einen Seite und ein »Leben«, in das dieses Ich hineingeworfen ist, auf der anderen Seite; sondern Sie sind Ihr Leben, und Ihr Leben ist Sie, und alles, was Teil Ihres Schicksals ist und die Bühne Ihres Lebens betritt, gehört zu Ihnen und Ihrer Entwicklung. Alles macht Sinn.

Je öfter Sie meditieren und sich in die wahre Natur der Dinge vertiefen, desto eher wird Ihnen klar, wie wundersam und wunderbar das Leben ist; desto mehr fallen die Fügungen Ihnen auf; desto sinnvoller wird alles. Vielleicht war dieser Sinn vorher auch schon da, Sie haben ihn nur nicht bemerkt; vielleicht aber gibt es ihn erst, seit Sie begonnen haben, Ihre Sichtweise zu verändern – wer weiß das schon. Es spielt auch keine Rolle. Wichtig ist: Sobald Sie beginnen zu meditieren, beginnt Ihre Welt sich zu verändern und immer wunderbarer und sinnvoller zu werden.

Wie kann Meditation helfen, Probleme zu lösen?

Die Hindernisse liegen in mir, nicht außerhalb von mir. Außer mir bin nur ich selbst. Und so will ich versuchen, in mich zu gehen.
Prentice Mulford

Zunächst einmal: Es gibt kein Problem außerhalb Ihrer selbst. Das Problem liegt in Ihnen. Nicht die Konstellation der Dinge oder der Ereignisse, nicht die Menschen um Sie herum stellen das Problem dar, sondern das Problem liegt in Ihrem Innern. Die Situation ist einfach, wie sie ist. Sie sind es, die/der ein Problem damit hat. Was ist ein Problem? Als Problem bezeichne ich in diesem Zusammenhang eine Situation, die Sie zwingt, über sie nachzudenken und nach einer Lösung in Form einer Veränderung zu suchen. Ein Problem ist eine Situation, die Sie nicht einfach auf sich beruhen lassen können, sondern die Sie beschäftigt. (Das kann natürlich auch einmal ein erfreuliches Thema sein.)

Jedes Problem hat im geistigen Sinne eine Ursache und einen Zweck (wobei das zwei Arten der Interpretation sind und nicht unbedingt Tatsachen; jedoch sind es Arten der Interpretation, die, wie Sie sehen werden, sehr nützlich sind).

Was macht eine Sache zum Problem für uns?

Das Problem ist niemals die Angelegenheit selber, sondern die Art, wie wir uns mit ihr fühlen und auf keinen Fall fühlen wollen. Wenn ich nicht weiß, wie ich entscheiden soll, und mir daraus ein Problem mache, kann ich die Ungewissheit, das Nichtwissen oder das Abwarten nicht aushalten oder habe

Angst vor dem, was geschehen würde, wenn ich mich falsch entscheide. Ungewissheit, Nichtwissen, Abwarten und Angst sind Gefühle. Würde ich sie einfach wahrnehmen, gäbe es kein Problem. Ich würde die Sache im Kopf so weit möglich durcharbeiten und dann in Ruhe abwarten, bis sich die Sache klärt. Wenn mein Mann beispielsweise fremdgeht, so ist das an und für sich kein Problem, aber wahrscheinlich werde ich es als solches betrachten, weil ich das Gefühl, das es in mir auslöst, nicht aushalten kann (oder meine, es nicht aushalten zu können) und weil ich denke, dass sein Verhalten nicht korrekt, nicht gerecht oder nicht nett mir gegenüber ist und ich mich aufgrund dieser Gedanken schlecht fühle (betrogen, ungerecht behandelt oder ungeliebt). Auch hier geht es um Gefühle, und das Problem liegt nicht in den Gefühlen selber – Gefühle sind kein Problem –, sondern darin, dass wir sie nicht fühlen möchten. Weil wir Angst vor ihnen haben. Das Problem liegt also in der Angst.

Die Technik

1. Denken Sie an das Problem, das Sie zurzeit am meisten beschäftigt.
2. Stellen Sie sich vor – das ist natürlich nur eine Fantasie-Übung ,– es gäbe keine Lösung für dieses Problem. Die Dinge blieben so, wie sie sind, unentrinnbar, unveränderbar. Sie könnten sich nicht dagegen wehren, Sie müssten es so hinnehmen, wie es ist. Wie würden Sie sich fühlen? Vor diesem Gefühl haben Sie Angst.

Ganz offensichtlich haben Probleme nicht nur eine (innere) Ursache, sondern auch einen (inneren) Zweck. Sie verhelfen uns zur Weiterentwicklung. Die meisten unserer Qualitäten und Fähigkeiten mobilisieren wir, wenn wir mit Herausforderungen und Schwierigkeiten konfrontiert sind und ein Problem lösen müssen. Ohne Herausforderungen, Schwierigkeiten und Probleme sind wir zu faul dazu, uns weiterzuentwickeln. Ein Problem fordert uns auf, einen Schritt in eine andere Richtung zu tun. Eine neue Eigenschaft an den Tag zu legen. Eine neue Fähigkeit zu erproben. Eine andere Facette unseres Wesens hervorzubringen.

Probleme können also in zweierlei Weise für uns nützlich sein:

1. Sie können uns helfen, uns eines bislang verdrängten Gefühls bewusst zu werden und uns von einer alten Angst zu befreien.
2. Und sie können uns anregen (oder zwingen), eine neue Facette unseres Wesens, also eine neue Qualität, zu entfalten.

Die Lösung liegt nicht darin, die Situation so zu verändern, dass wir sie akzeptabel finden. Die Lösung liegt darin, uns das Gefühl, das die Situation für uns zum Problem macht, bewusst zu machen und die Einladung zur Entfaltung einer neuen Qualität anzunehmen. Wenn wir mit unseren Problemen auf diese Weise umgehen, erweisen sie sich als Geschenke. Außerdem mobilisieren große Schwierigkeiten oder Probleme im Allgemeinen unsere Intelligenz und Kreativität und motivieren uns, Perspektiven zu entdecken, die uns sonst verborgen blieben. Schon mancher hat die Kraft des Gebets, der kreativen Imagination oder seine geistigen Fähigkeiten erst entdeckt, als er mit dem Rücken zur Wand stand und ihm nichts anderes übrig blieb.

Meditation kann Ihnen zeigen:
- Worum es bei Ihrem Problem in Wirklichkeit geht.
- Welches Gefühl Ihnen solche Angst macht, dass die Angelegenheit für Sie zu einem Problem wird und wie Sie sich von der Angst vor diesem Gefühl befreien können.
- Welcher Gedanke die Angelegenheit für Sie zum Problem macht und was die Wahrheit hinter diesem Gedanken ist.
- Welchen Entwicklungsschritt das Problem anregen möchte.
- Was als Nächstes zu tun ist.
- Und eventuell: Welches der größere Zusammenhang ist, in dem dieses Problem steht.

Unabhängig von dieser problemorientierten Nutzung kann Meditation:
- Ihnen höhere Perspektiven erschließen.
- Ihnen Abstand, Ruhe und Gelassenheit verleihen.
- Ihnen Zugang zu einer inneren Quelle von Kraft, Wissen und Liebe verschaffen.
- Ihrem Leben Glanz und Sinn verleihen.
- Sie in Einklang mit Ihrem Lebenszweck und somit zu Glück, Erfüllung und Zufriedenheit bringen..
- Ihnen höhere Dimensionen Ihres eigenen Wesens erschließen und Sie in Ebenen heben, auf denen Sie Verbundenheit oder Einssein statt Getrenntheit erfahren und Ihr wahres Wesen jenseits von Raum und Zeit entdecken.

Was geschieht während der Meditation?

Für Menschen, die die Freude der Meditation erleben,
gibt es nichts Interessanteres und Erfreulicheres auf dieser Welt.
Sie erfahren den inneren Frieden und jene Freude,
die sich mit Worten nicht beschreiben lässt.
Sie berühren die Vollkommenheit, das Wesen des Lichtes und der Liebe –
alles ist ihnen gegenwärtig.
Hazrat Inayat Khan

In den letzten Jahren haben sich auf der ganzen Welt Wissenschaftler damit beschäftigt, herauszufinden, was während der Meditation im Körper und im Gehirn geschieht. Es ist ganz eindeutig, dass Meditieren nicht nur ein subjektives inneres Erleben ist, sondern dass dabei im Körper und vor allem im Gehirn messbare Veränderungen stattfinden, die je nachdem wie geübt und konzentriert der Meditierende bei der Messung ist, mehr oder weniger schnell, jedoch verlässlich und reproduzierbar eintreten.

Einige der Beobachtungen:

Die Gehirnwellen, die normalerweise ein eher chaotisches Bild aufweisen, ordnen und synchronisieren sich. Alpha-, Theta- und Gammawellen treten vermehrt auf. Endorphine (so genannte Glückshormone) werden ausgeschüttet. Gewisse Gehirnregionen werden besser durchblutet. Die rechte und die linke Gehirnhälfte synchronisieren sich, das heißt, Intuition und Vernunft beginnen zusammenzuarbeiten.

Meditation hat eine positive Wirkung auf Gesundheitsstörungen und leichte psychische Störungen. Der Herzschlag und die Atmung verlangsamen sich, Stress wird reduziert, und der allgemeine Gesundheitszustand verbessert sich.

So weit einiges von dem, was wissenschaftlich, also »von außen«, feststellbar ist. Was geschieht im Inneren? Hier einige der Zustände, die in der Meditation allgemein erlebt werden können:

- Der Strom der Gedanken verlangsamt und ordnet sich.
- Das, was wichtig ist, tritt hervor, das Unwichtige zurück.
- Ein Gefühl von Frieden stellt sich ein.
- Man hat das Gefühl, zu sich heimzukehren, was zu einem Zustand von Zufriedenheit führt, wie auch immer die Umstände sein mögen.
- Man gewinnt Abstand zu den Problemen.
- Man wird sich seiner Gedanken und Gefühle bewusst und hört auf, sich mit ihnen zu identifizieren.
- Inneres Wissen tritt aus dem Hintergrund in den Vordergrund. Man beginnt, Zusammenhänge zu verstehen.
- Man entdeckt höhere Perspektiven.
- Man stellt fest, dass man sich in andere einfühlen kann.
- Man versteht, dass und auf welche Weise man mit allem zusammenhängt.
- Ein Gefühl von Sinnhaftigkeit stellt sich ein: Man erkennt, wozu die Ereignisse dienen.
- Dankbarkeit stellt sich ein.
- Eine gute Stimmung breitet sich aus.
- Man hat das Bedürfnis zu beten. Diese Gebete haben die Qualität von »Lobpreisen« und »Verherrlichen«.
- Beim Erreichen noch höherer Zustände tritt Ekstase (Glückseligkeit) ein.

Mit anderen Worten: Meditation kann uns in jeder Hinsicht verändern – und zwar zum besseren. Vorausgesetzt, man weiß, wie man meditiert.

Die Meditation und der Glaube

Meditation ohne Gott ist wie
Mathematik ohne den Begriff der Unendlichkeit.
Pir Vilayat Khan

Meditation setzt keinen Glauben voraus, sie basiert auf keinem Dogma. Man muss nichts für wahr halten, um zu meditieren. Meditation ist nichts als ein Innewerden. Statt außer sich zu sein, kommt man zu sich. Statt in Gedanken zu sein, nimmt man wahr, und dieses reine Gewahrwerden enthüllt einem ganz von selber die Hintergründe der momentanen Situation, die größeren Zusammenhänge, die Antworten auf die Fragen, die einen bewegen, und die verschiedenen Ebenen der Realität.

Den Mystikern verdanken wir Erfahrungsberichte und sozusagen Landkarten der inneren Realität. Diese innere Realität ist zwar einerseits eine höchst intime innere Erfahrung des Einzelnen, jedoch gleichen diese Erfahrungen der verschiedenen Mystiker einander, so dass man davon ausgehen kann, dass sie mehr oder weniger allgemein gültige Aussagen über die innere Realität sind. Das ist auch nicht verwunderlich, denn sobald wir die »äußere Welt« verlassen, also die Welt, die aus der Interpretation unserer Sinneseindrücke im Gehirn entsteht, und uns der inneren zuwenden, verlassen wir die Welt der Getrenntheit und treten ein in die Welt, in der alles mit allem verbunden und letztlich eins ist. Diese Einheit wird von allen Mystikern, gleich welcher spirituellen Richtung sie angehören, erfahren, und gehört heute auch zu den Grundannahmen der modernen Naturwissenschaft. Getrennt erscheinen uns die Phänomene nur, wenn wir sie aus der Perspektive unseres physischen Körpers betrachten.

Sobald wir unsere Aufmerksamkeit auf feinere Ebenen konzentrieren, beispielsweise auf Energie, auf Emotion, Gedanken, Schwingung, Licht, verflüchtigt sich der Eindruck, von allem und allen anderen getrennt zu sein, und man nimmt mehr und mehr die Verbundenheit wahr. Wenn ich ein hautumgrenztes Etwas bin, ist alles, was sich außerhalb meiner Haut befindet, etwas anderes als ich und von mir getrennt. Wobei ich allerdings in einem ständigen Austausch mit dieser Welt außerhalb meiner selbst bin, indem ich mir Teile von ihr einverleibe – mittels Atmung und Nahrung – und andere Teile an sie abgebe. Wenn ich jedoch ein elektromagnetisches Feld bin – was ebenso tatsächlich der Fall ist, wie ich ein fester Körper bin –, wo ende dann »ich« und wo beginnt das andere? Zwar gibt es noch so etwas wie einen individuellen Kern, aber er hat keine Grenzen.

Das äußere Universum ist jenes, das wir durch unsere Sinnesorgane wahrnehmen (beziehungsweise aus der Interpretation der Sinneseindrücke in unserem Gehirn zusammensetzen). Es ist eine Welt der getrennt voneinander existierenden Wesen und Dinge. Das innere Universum ist das Universum, das wir wahrnehmen, wenn wir unsere Aufmerksamkeit von äußeren Sinneseindrücken abziehen. Es ist eine Welt, in der alles mit allem verbunden ist.

Deshalb können die Landkarten, die die großen Mystiker angelegt haben, für uns nützlich sein, um uns in der inneren Welt zurechtzufinden. Jedoch sollen wir diese Landkarten nicht mit der Realität verwechseln. Jeder erschließt sich seinen eigenen Zugang zur Realität in der Meditation, auch wenn er die Techniken und Landkarten derer nutzt, die vor ihm den inneren Weg gegangen sind.

Wichtig ist, dass man bei jeder Meditation von neuem bereit ist, sich dem zu öffnen, was man wahrnimmt (wahrnehmen = die Wahrheit nehmen), statt davon auszugehen, dass man die Wahrheit bereits kenne oder statt an etwas zu glauben, was jemand anders als Wahrheit erkannt hat. Wenn es tatsächlich die Wahrheit ist, wird es sich mit dem, was andere Meditierende berichtet haben, decken. Jedoch nützen uns die Erfahrungen der anderen nichts. In der Meditation geht es darum, selber Erfahrungen zu machen, die einen tiefer in die Natur der Realität einweihen.

Wenn wir meditieren, verlassen wir die Welt, in der wir das Subjekt sind und der Rest der Realität das Objekt, das wir erfahren oder betrachten. Wir treten ein in eine Welt, in der es Subjekt und Objekt nicht mehr gibt, sondern nur noch Wesen und Beziehung, wie auch Martin Buber es in seinem berühmten philosophischen Werk »Ich und Du« beschrieben hat: Aus einer Ich-Es-Beziehung wird eine Ich-Du-Beziehung. Letztlich entpuppt sich alles als eins, so dass es auch kein Ich und kein Du mehr gibt. Man tritt ein in das Wesen der Realität, das man selber ist. Dieses Wesen ist das, was die Religionen Gott nennen.

Wenn wir in Beziehung stehen mit dem Wesen der Realität, dem Wesen der Dinge, dem Wesen der Menschen, dem Wesen all dessen, was uns umgibt und begegnet und in uns selber ist – anders gesagt, wenn wir auf Gott bezogen sind –, wird alles sinn- und bedeutungsvoll. Ohne diese Beziehung zum Wesentlichen wird alles sinnlos. Zwar gibt es Dinge in dieser Welt, die sinnvoll erscheinen, jedoch entfällt dieser Sinn immer früher oder später, wenn die Angelegenheit oder das Ziel oder die Beziehung sich nicht auf etwas Größeres, Grundsätzlicheres, Abstraktes bezieht, denn alles in dieser Welt ist vergänglich.

Bei der Meditation wie im Leben spielt es deshalb eine große Rolle, ob wir zu diesem Größeren, Grundsätzlicheren, Wesentlichen in Beziehung stehen oder nicht – religiös ausgedrückt, ob wir mit oder ohne Gott meditieren oder leben.

An einer Hausmauer fand ich einst den Spruch:

Gott ist tot.
Nietzsche.

Darunter in anderer Schrift:

Nietzsche ist tot.
Gott.

In Gedanken sein oder in der Wirklichkeit

Unser Interesse an der Wirklichkeit ist außerordentlich gering. Wir wollen lieber denken. Wir wollen uns Sorgen machen über all das, was uns beschäftigt. Wir wollen uns das Leben vorstellen. Und bevor wir kennen lernen, worum es eigentlich geht, haben wir den gegenwärtigen Augenblick völlig vergessen. Wir haben die Wirklichkeit verloren, unser Leben ist uns entgangen.
Charlotte Joko Beck

Wir sind mehr in Gedanken als in der Realität. Unsere Kultur und Zivilisation hat uns zu Menschen gemacht, die mehr im Kopf als im Körper existieren und deren Aufmerksamkeit mehr bei den Gedanken ist als bei der Wahrnehmung dessen, was tatsächlich im gegebenen Augenblick geschieht. Wenn Sie Gemüse schneiden, sind Sie vielleicht bei der Sache, weil das Messer scharf ist und Sie aufpassen müssen, dass Sie sich nicht schneiden. Aber wo sind Sie, während Sie essen? In Gedanken oder in einem Gespräch, also einem Gedankenaustausch? Oder sind Sie tatsächlich mit Ihrer Aufmerksamkeit beim Essen? Und wo sind Sie beim Spazierengehen? Beim Autofahren?

Jeder Augenblick ist ein Konzert von Sinneseindrücken, Körperempfindungen und Gefühlen; und jeder Augenblick ist eine Begegnung mit irgendetwas, das uns berühren und verwandeln kann. Wenn wir in Gedanken sind, dann bekommen wir von all dem herzlich wenig mit. Auf diese Weise haben wir den Zauber des Lebens verloren, und außerdem entgehen uns viele Hinweise, die uns nützlich sein könnten, weil wir sie nicht bemerken: Wahrnehmungen, die sich auf einer feineren Ebene abspielen als die groben Sinneswahrnehmungen, etwa die energetischen Gegebenheiten des Platzes, an dem wir uns gerade befinden, oder die emotionale Gestimmtheit der Menschen um uns her, oder die Stimme des Instinkts oder der Intuition. Wenn wir diese Phänomene nicht bemerken, bezahlen wir einen hohen Preis dafür. Ohne es zu merken, werden wir von den Energien und Stimmungen um uns her beeinflusst, und können uns weder davor schützen noch dagegen wehren, noch uns von ihnen entfernen, weil wir sie gar nicht bemerken.

Wenn man beginnt zu meditieren, fängt man nach und nach an, die Aufmerksamkeit dorthin zu lenken, wo die Wahrnehmung stattfindet.

Wir können so viele Dinge direkt wahrnehmen, für die wir uns Apparate geschaffen haben. Wir sind in der Lage, unmittelbar wahrzunehmen, wie es einem anderen Menschen geht. Wir brauchen nur »auf ihn zu meditieren«, das heißt, unseren Geist leer zu machen, während wir an diesen Menschen denken und uns ganz empfänglich für seine Eindrücke machen. Wir sind in der Lage, Dinge, die für uns wichtig sind, vorauszuwissen. Wir verfügen über eine enorme, theoretisch unbegrenzte Fähigkeit zu unmittelbarem Wissen, also Intuition.

Aber die Hinweise der Intuition und die telepathischen Eindrücke gehen im Allgemeinen in unserem Gedankenlärm unter, werden von uns nicht oder nur flüchtig wahrgenommen und oft als unsinnig abgetan oder falsch interpretiert, weil wir zu sehr mit unseren Gedanken beschäftigt sind.

Wenn wir mit der Meditation beginnen wollen, dann verflüchtigen sich die Gedanken nicht einfach - im Gegenteil: Am Anfang scheinen sie sich eher zu vermehren.

Was macht man in der Meditation mit seinen Gedanken?

Die Antwort ist: Gar nichts. Statt zu tun, ist man einfach da. Was geschieht, wenn man einfach nur da ist und nichts tut? Man nimmt nur noch wahr. Und Wahrnehmen ist keine Tätigkeit, sondern etwas, das geschieht.

Das Erste, was man wahrnimmt, ist der Atem – denn der Atem ist immer da, und sobald man beginnt, seine Aufmerksamkeit auf das, was da ist, zu lenken, beginnt man den Atem zu bemerken. Als Nächstes nimmt man seine Gedanken wahr. Statt weiter unbewusst vor sich hin zu denken, nimmt man den Strom und den Inhalt der Gedanken wahr. Man richtet seine bewusste Aufmerksamkeit auf sie. Nicht in der Absicht, sie zu verscheuchen, sie zu unterdrücken oder sie zu verändern, sondern man wird sich ihrer einfach bewusst und nimmt sie wahr.

Die Technik

1. Schließen Sie die Augen.
2. Schalten Sie vom Tun um auf das Wahrnehmen. Was nehmen Sie wahr? Nehmen Sie Ihren Atem wahr?
3. Wenn nicht, dann sind Sie noch in Gedanken. Können Sie Ihre Gedanken wahrnehmen, statt sie zu denken? Können Sie wahrnehmen, wie Sie sich gerade fühlen?

Es gibt verschiedene Arten, mit den Gedanken umzugehen, ohne sie zu verscheuchen, zu beeinflussen oder sonst etwas mit ihnen zu tun.

1. Die Aufmerksamkeit ist bei Atem, Körper und Sinneseindrücken. Man bemerkt die Gedanken, aber man folgt ihnen nicht. Ist man ihnen doch gefolgt und bemerkt das, benennt man kurz, woran man gedacht hat (»Gedanke an Essen«), und kehrt zurück zum Atem und zu den Sinneseindrücken.
2. Man macht die Gedanken zum Gegenstand der Kontemplation. Man beobachtet den Inhalt seiner Gedanken: Woran man denkt und wie man denkt. Man beobachtet den Fluss der Gedanken: Wie ein Gedanke auftaucht, wie vielleicht mehrere Gedankenfäden parallel verfolgt werden, wie Gedanken wieder verschwinden.
3. Man lenkt seine Aufmerksamkeit auf die Pause zwischen zwei Gedanken.

Meine Technik:

1. Ich beginne mit Zazen. Die Aufmerksamkeit ist beim Atem, beim Körper und bei den Sinneseindrücken.
2. Während ich dies übe, werde ich wahrscheinlich Gedanken bemerken, die mich fortziehen und zu einem bestimmten Thema bringen möchten. Ich beobachte das.
3. Gelegentlich lasse ich mich von ihnen einfangen, sobald ich es bemerke, kehre ich zu Körper und Atem zurück.
4. Wenn ich beobachte, dass ein bestimmtes Thema immer wieder meine Aufmerksamkeit vom gegenwärtigen Augenblick abzieht, folge ich diesen Gedanken absichtlich und denke nun bewusst an dieses Thema.
5. Ich nehme wahr, was dabei in meinem Körper geschieht, konzentriere meine Aufmerksamkeit bewusst in dem Teil des Körpers, wo etwas Besonderes geschieht, spüre meinen Atem und erforsche, wie ich mich in diesem Teil des Körpers fühle – welches Gefühl das körperliche Phänomen ausdrückt.
6. Ich betrachte dann dieses Gefühl, indem ich meinen Atem spüre und es bewusst zulasse und kennen lerne.
7. Anschließend öffne ich mein Herz für dieses Gefühl, indem ich prüfe, was es braucht (siehe Teil III, Kapitel »Die körperzentrierte Herzensarbeit«).
8. Dann kehre ich zurück zur Wahrnehmung des Atems und der Sinneseindrücke.
9. Ich beende die Übung entweder hier oder steige in die tiefere Meditation ein.

Bewusstheit

Bewusstheit ist der einzige sichere Platz im Universum.
Charlotte Joko Beck

In der Meditation lernt man, Bewusstheit zu entwickeln. Die meiste Zeit über leben wir unbewusst vor uns hin. Wir sprechen und handeln, ohne uns dessen bewusst zu sein, was wirklich in uns vorgeht, wir halten unsere Gedanken für Wahrheit, ohne es zu merken, und werden von den Gefühlen, die diese Gedanken auslösten, unbewusst beherrscht. Da alle das tun, fällt es nicht weiter auf, ja es gilt als normales Verhalten. Auch die Personen in den Filmen und Serien, die wir im Kino und im Fernsehen sehen, verhalten sich so.

In der Meditation wecken wir Bewusstheit (die Buddhisten nennen es Achtsamkeit). Bewusstheit bedeutet nicht, dass wir fortan alles anders machen oder alles kontrollieren. Bewusstheit bedeutet nicht, dass man keine Gefühle mehr hat, nicht mehr jubeln oder weinen oder sich freuen kann. Bewusstheit bedeutet lediglich Bewusstheit. Wenn ich mich freue, fühle ich die Freude bewusst. Wenn ich traurig bin, fühle ich die Traurigkeit bewusst. Wenn ich mich über eine Bemerkung meines Partners ärgere, bin ich mir dieses Ärgers bewusst und auch des Schmerzes, den die Bemerkung in mir verursacht hat und die dem Ärger zugrunde liegt. Man kann seine Bewusstheit so sehr steigern, dass man die Energie und die Stimmung in einem Raum, den man betritt, bewusst wahrnehmen kann (statt unbewusst davon beeinflusst zu werden), dass man sich seiner Handlungsmotive bewusst ist, dass man seine Sinneseindrücke bewusst wahrnimmt, dass man in einem Eintopf den Geschmack und die Konsistenz der verschiedenen Gemüse und Gewürze bewusst auskostet etc.

Bewusstheit benötigt Energie. Deshalb sind in den meisten spirituellen Traditionen dieser Welt die meditativen und kontemplativen Übungen mit Körper- und Energieübungen gepaart. Gesteigerte Energie ermöglicht gesteigerte Bewusstheit.

Wie aber weckt man die Bewusstheit? Als Erstes muss der Wunsch danach vorhanden sein – der Wunsch, bewusst zu werden statt weiter unbewusst von seinen Gedanken und Gefühlen getrieben zu sein, der Wunsch, aufzuwachen statt weiterzuschlafen.

Bewusstheit ist nicht etwas, das wir erzeugen müssen, sondern etwas, das bereits in uns existiert. Wir müssen es nur entdecken. Wir müssen entdecken, dass es in uns einen Teil gibt – wenn man das so nennen will –, der in der Lage ist, alles, was geschieht, bewusst wahrzunehmen, ohne sich mit irgendetwas zu identifizieren. Dieser Teil steht – bildlich gesprochen – einfach da und sagt »Aha«. Wenn wir uns ärgern, sagt er »Aha, Ärger«. Wenn der Gedanke auftaucht: »Dieser Mensch ist wirklich lästig«, dann sagt er: »Aha, da ist der Gedanke, dass dieser Mensch lästig ist«, etc. Diese Bewusstheit oder Aufmerksamkeit kann man absichtlich auf etwas richten. Beispielsweise auf das Gefühl, das sich in diesem Gedanken ausdrückt, den Ärger. Oder darauf, wie sich das Gefühl im Körper äußert.

Bewusstheit trennt uns nicht von unserem inneren Erleben. Es ist eher wie ein Erwachen mitten im Erleben: Wir ärgern uns nicht nur, sondern wir fühlen den Ärger bewusst. Wir lieben nicht nur, sondern wir fühlen die Liebe bewusst. Wir sitzen nicht nur mit jemandem zusammen, sondern wir fühlen die Präsenz des anderen und die besondere Qualität dieser Begegnung.

Bewusstheit ermöglicht uns,

- Gefühle wahrzunehmen, statt in ihnen unterzugehen.
- Gedanken wahrzunehmen, statt sie für Tatsachen zu halten.
- uns dessen gewahr zu werden, was auf den subtileren Ebenen unser Beziehung zu unserer Umwelt geschieht.
- zu entdecken, woraus unser inneres Drama besteht und durch diese Entdeckung daraus zu erwachen.
- heil und unversehrt durch auch die allerschlimmsten Gefühle hindurchzugehen.
- uns mit nichts zu identifizieren und dennoch alles sehr intensiv zu erleben.
- mehr Mitgefühl und Liebe zu entwickeln, statt in unserer egozentrischen Sichtweise gefangen zu sein.

Die Absicht der Meditation und die Haltung der Absichtslosigkeit

Es gibt eine Absicht, die hinter allem waltet.
Absichtslos bist du im Einklang mit dieser Absicht…
Trachte erst danach, das Wirken dieser Absicht
in deinem Herzen zu erfassen,
bevor du dich daranmachst, etwas zu beabsichtigen.
Safi Nidiaye,
in: »Die Stimme des Herzens«

In spirituellen Kreisen ist viel von Absichtslosigkeit die Rede. Tatsächlich hat Meditation viel mit Absichtslosigkeit zu tun. Wenn wir uns jedoch hinsetzen zur Meditation, haben wir zunächst eine Absicht, und das ist auch gut so. Es ist wichtig, sich klar zu machen, worin die Absicht besteht. Wozu setzen Sie sich hin? Welchem Zweck soll Ihre Meditation dienen? Mögliche Absichten, die zur Methode der Meditation passen:

- die Wahrheit finden (über das Leben, über sich selbst, über eine bestimmte Angelegenheit oder beispielsweise über seine Gefühle).
- erwachen (aus seinen Illusionen, aus der falschen Sicht der Realität, aus der Identifikation mit bestimmten Gedanken und Gefühlen und falschen Vorstellungen).
- Erleuchtung finden (nein, das ist nicht nur etwas für Rishis und Gurus, sondern für jeden von uns! Es bedeutet, dass einem plötzlich Dinge klar werden – das Licht der Intelligenz, wie die Sufis sagen, erleuchtet dann unser Denken und Fühlen).

  zu sich kommen (statt außer sich zu sein).
- einer bestimmten Angelegenheit auf den Grund gehen.
- Klarheit finden.

- sich zu sammeln und auf den Tag oder die anstehenden Aufgaben vorbereiten.
- Selbst-Zuwendung.

Die Absicht, mit der Sie sich zur Meditation begeben, ist entscheidend für den Verlauf dieser Meditation. Dennoch ist das Entscheidende an der Meditation die Absichtslosigkeit. Absichtslosigkeit bedeutet, dass Sie sich lösen von dem Wunsch, die Dinge in einer bestimmten Richtung zu beeinflussen, und sich stattdessen dem öffnen, was ist. Sobald Sie in diesem Zustand der Absichtslosigkeit angelangt sind, befinden Sie sich in der Meditation. Um diesen Zustand aber zu erreichen, brauchen Sie zunächst eine Absicht. Selbst »Absichtslosigkeit zu erreichen«, »Absichtslosigkeit zu praktizieren«, »Zen zu üben« oder »einfach nur zu sitzen und wahrzunehmen, was geschieht« ist eine Absicht.

Zunächst also klären Sie bitte Ihre Absicht. Wozu soll diese Meditation dienen? Die Absicht kann auch etwas Unpersönliches sein wie etwa »zur Erleuchtung aller Wesen«.

Wenn Sie dann die jeweilige Meditationsmethode praktizieren, werden Sie im Allgemeinen früher oder später einen Zustand erreichen, in dem nicht mehr Sie etwas beabsichtigen, sondern etwas mit Ihnen geschieht, ohne dass Sie sich jedoch einfach nur gehen lassen. Sie bleiben wach und konzentriert, geordnet und gesammelt, und zugleich lassen Sie Ihre Absicht vollständig los und überlassen sich dem, was geschieht. In dieser Phase der Meditation wird der Atem normalerweise tief und langsam, Sie fühlen sich getragen, das Denken ist zur Ruhe gekommen, und nun geschehen und offenbaren sich die Dinge von innen heraus. Das ist die eigentliche Meditation. Alles andere – all die geschilderten Techniken – ist die Vorbereitung dazu.

Nun sind Sie in den berühmten Zustand der Absichtslosigkeit eingetreten. Nun sind nicht mehr Sie es, der/die eine Absicht hat, sondern die Absicht ist es, die Sie trägt, und Sie können sich ihr überlassen.

Die höheren Funktionen des Denkens aktivieren

Wir tragen sämtliche Möglichkeiten in uns,
doch nutzen wir nur sehr wenig davon.
Unser Problem ist, dass wir alle in unserer Identifikation
mit unserer Begrenztheit gefangen sind, und so ist es ganz
natürlich, dass wir Minderwertigkeitsgefühle entwickeln.
Doch sobald Sie Ihr Potenzial entdecken, verfügen Sie auch darüber.
Pir Vilayat Khan

Unser gewöhnliches Denken ist eine ziemlich armselige Sache, verglichen mit den Möglichkeiten, die unserem Geist innewohnen. Das gewöhnliche Denken interpretiert Sinneseindrücke. Wie schon ausgeführt, ist sowohl die Reichweite der Sinnesorgane als auch die Interpretation eine sehr eingeschränkte und fragwürdige Sache. Obendrein neigt unser Denken dazu, zu sklerosieren: Ziemlich früh in unserem Leben lernen wir, Überzeugungen heranzubilden, und wo einmal eine Überzeugung herrscht, ist es nicht so leicht, sich Eindrücken zu öffnen, die diese über den Haufen werfen.

Wir verfügen aber über andere geistige Möglichkeiten, als nur Sinneseindrücke zu interpretieren oder uns Wissen aus zweiter, dritter und vierter Hand per Studium anzueignen.

Jeder Mensch hat Intuition oder Eingebungen, Momente, in denen er plötzlich etwas weiß, ohne dass dieses Wissen auf äußere Eindrücke oder Erfahrungen zurückgeht, einfach von innen heraus. Intuition kann man trainieren. Offenbar ist es uns möglich, Dinge unmittelbar – also ohne Mittel, ohne Vermittlung der Sinnesorgane – wahrzunehmen, und diese Fähigkeit kann man durch Übung stärken. In der Meditation gibt man diesem inneren Wissen Gelegenheit, hervorzutreten, indem man seine Aufmerksamkeit nicht auf die Gedanken lenkt, sondern auf deren stillen Hintergrund.

Ferner besitzen wir die Fähigkeit der kreativen Imagination. Statt die Dinge nur passiv wahrzunehmen und zu versuchen, mit ihnen umzugehen, entwirft die Vorstellungskraft aktiv eine neue Realität. Es ist schöpferisches Wachträumen, und wenn man es in einem ruhigen, gesammelten Zustand betreibt, und die Bilder nicht willentlich schafft, sondern aus dem Inneren aufsteigen lässt, kann diese Imagination der Beginn eines neuen Lebens sein, in dem man sich weniger als Opfer und mehr als Schöpfer der Umstände erfährt, weil man nämlich bemerken wird, dass diese Imagination schöpferisch ist und die äußere Realität beeinflussen kann. Wenn man diese kreative Imagination nicht aus der begrenzten persönlichen Sichtweise, aus dem engen Blickwinkel unserer persönlichen Ängste und Wünsche heraus betreibt, sondern aus der Tiefe heraus oder aus der Klarheit und dem Überblick der höheren Ebenen, so erfährt man, wie man Anteil hat an der göttlichen Kreativität.

Darüber hinaus verknüpft unser Unterbewusstsein Dinge, nach den Prinzipien eines ihm allein bekannten (und von Mensch zu Mensch verschiedenen) Kodes. Dieser Kode hängt zusammen mit eingespeicherten Erinnerungen. Die Technik des freien Assoziierens wird oft benutzt, um den Geheimnissen des Unterbewusstseins auf die Spur zu kommen. Sie kann uns aber auch helfen, unseren Einfallsreichtum zu erhöhen, wenn es um kreative Prozesse geht.

Über das gewöhnliche Denken hinaus …

Wenn Sie in Ihrem Leben immer wieder in Sackgassen geraten und nicht in der Lage sind, mit den Problemen Ihres Lebens schöpferisch, intelligent und flexibel umzugehen, so kann das auch daran liegen, dass Sie sich ausschließlich vom gewöhnlichen Denken leiten lassen.

Die Technik

Denken Sie an ein Problem, das Ihnen zu schaffen macht.

1. Gewöhnliches Denken: Formulieren Sie das Problem so klar wie möglich. Sortieren Sie alle Fakten und Gesichtspunkte so gut es geht. Denken Sie sorgfältig über Ihr Problem nach. Versuchen Sie sich von Ihrem persönlichen Standpunkt zu lösen und einen neutraleren einzunehmen.
2. Assoziieren: Formulieren Sie das Problem erneut. Schreiben Sie nun, ohne zu zensieren oder zu ordnen, alles auf, was Ihnen zu der Formulierung einfällt. Assoziieren Sie nach Herzenslust.
3. Emotionen klären: Denken Sie erneut an Ihr Problem, und nun achten Sie darauf, wie Sie sich fühlen. Spüren Sie Ihren Körper, spüren Sie Ihren Atem, beobachten Sie, welche Gedanken in Ihrem Kopf kreisen, wenn Sie an das Problem denken, und stellen Sie fest, welches Gefühl im Vordergrund steht und welches tiefere Gefühl darunter sitzt (zum Beispiel könnte Angst im Vordergrund stehen und dahinter das, wovor Sie Angst haben; oder Wut und das, worüber Sie wütend sind; etc.).

   Erforschen Sie das Gefühl, das im Vordergrund steht: Wie

fühlt es sich körperlich an? Öffnen Sie Ihr Herz für dieses Gefühl, indem Sie es bewusst fühlen und sich zugleich fragen, was es von Ihnen braucht: Wahrgenommen zu werden? Anerkennung? Erlaubnis? Mitgefühl? Erbarmen? Verständnis? Achtung? Oder Raum?

Wenden Sie sich auf die gleiche Weise dem tieferen Gefühl zu. Erforschen Sie, wie es sich anfühlt, und was es von Ihrem Herzen braucht.

4. Intuition: Nun haben Sie alles getan, was Sie aktiv tun konnten, um Ihr Problem zu klären, und deshalb sollte es Ihnen nun möglich sein, sich von alldem zu lösen und Ihren Kopf leer zu machen. Nehmen Sie einen tiefen Atemzug, indem Sie aufatmen und ausseufzen und sich dabei entspannen.

   Benutzen Sie den Atem, um Ihren Kopf leer zu fegen. Werden Sie der Frage inne, die nach den bisher getanen Klärungsschritten in Ihnen noch vorhanden ist. Stellen Sie die Frage, ohne sie zu beantworten. Beleuchten Sie das Problem mit dem Scheinwerfer Ihrer Aufmerksamkeit, die Frage im Herzen haltend, ohne nachzudenken und ohne zu versuchen sie zu beantworten. Spüren Sie einfach Ihren Atem. Beobachten Sie, ob Gedanken, Bilder, Ahnungen oder Empfindungen aus dem Inneren auftauchen, die Licht auf Ihr Thema werfen. Suchen Sie nicht danach. Intuition kann sofort auftauchen, kann sich aber auch später melden, auf Wegen, die man nicht vorhersehen kann. Wenn Ihr Herz eine Frage hat, ist die Antwort bereits auf dem Weg zu Ihnen.

5. Schöpferische Imagination: Werden Sie sich Ihrer Sehnsucht bewusst. Wenn Sie an Ihr Problem denken, stellen

Sie sich die Frage: Wonach sehne ich mich? Wie soll es denn sein, wenn es ganz nach mir geht, nach meinem Herzen? Erlauben Sie dieser Sehnsucht, aufzusteigen und sich in Ihnen auszubreiten, so dass Sie sie fühlen können. Lassen Sie Ihre Sehnsucht Bilder auf die Leinwand Ihres Bewusstseins malen. Imaginieren Sie die Realität, nach der Sie sich sehnen. Machen Sie sich bewusst, dass Sehnsucht schöpferisch ist.

6. Gewöhnliches Denken: Werten Sie die Ergebnisse dieses Prozesses aus, und nutzen Sie das gewöhnliche Denken, wenn es um konkrete und planbare Aspekte der Verwirklichung geht.

Die Stimmung

In der Meditation stimmen wir uns ein.
Aller Reichtum unseres Wesens wird auf einen
höheren Akkord eingestellt und gestimmt.
Pir Vilayat Khan

Wir können niedrig gestimmt sein, hoch gestimmt oder verstimmt. Niedrige Stimmung ist beispielsweise Depression, schlechte Laune, Langeweile oder Lustlosigkeit. Hohe Stimmung bedeutet Freude, Begeisterung, Liebe oder Dankbarkeit. Hohe Stimmung muss nicht mit Fröhlichkeit und Spaß einhergehen. In hoher Stimmung kann durchaus Schmerz und Traurigkeit mitschwingen. Wenn ich ganz auf der Höhe meiner Motivation bin, bin ich automatisch so hoch gestimmt, wie ich nur sein kann. Wenn ich meine höchsten Motive im Alltagstrott oder -stress vergessen habe, dann bin ich niedriger Stimmung, und die hohe Stimmung, die ich beispielsweise in einem Meditationsretreat (= Rückzug) in den Bergen hatte, ist wie ein ferner Traum.

Hohe Motivation bedeutet: von etwas motiviert zu sein oder etwas zu dienen, das größer ist als man selbst. Eine Liebe, eine Sehnsucht, eine Begeisterung in sich zu haben, die einem Ideal gilt – oder auch einem Idol – oder einer großen Sache oder einer Gemeinschaft oder einem verehrten oder geliebten Menschen. Es kann der Wunsch sein, an der Verwirklichung einer guten Sache mitzuarbeiten, etwas zu schaffen, das vielen dient, Schönheit zu vermitteln, Weisheit, Liebe, Mitgefühl, Hingabe, der Wahrheit zu dienen oder der Gerechtigkeit oder sonst einem Wert, den man hoch schätzt.

Ich vermute, dass alle oder die meisten Menschen solche

höheren Motive in sich tragen, habe aber den Eindruck, dass viele sich dessen nicht bewusst sind und nicht wissen, was ihnen dadurch entgeht, dass sie ihr höchstes Motiv vergessen oder verraten haben.

Auf dem Gipfel unserer Motivation sind wir völlig über unser kleines Ich hinausgehoben, frei von unseren persönlichen Ängsten, Schwächen und Zweifeln, frei von unserem Ich, hingegeben an unser größtes Ideal und von einer Kraft, einer Gewissheit, einer Freude und einem Frieden erfüllt, die in den Niederungen des alltäglichen Bewusstseinszustandes nie zu finden sind. Es sei denn, wir sind von sehr großer Liebe zu einem Menschen erfüllt, einer Liebe, die so groß ist, dass sie uns über unsere egozentrische Sichtweise hinaushebt und uns dazu treibt, das Beste aus uns zu machen.

Entdecken Sie Ihre Ideale

Viele spirituelle und religiöse Praktiken dienen dazu, uns in eine Stimmung zu versetzen, in der wir diese höheren Motive wieder entdecken. Ein Gebet ist das direkteste und einfachste Mittel dazu, und die Kombination aus Gebet und Meditation führt meines Wissens früher oder später immer dazu, dass man seine vergessene Liebe zum Ideal, sein höchstes Motiv wieder entdeckt.

Die tägliche Meditation, eingeleitet oder beendet durch ein Gebet, ist eine Möglichkeit, sich hochzustimmen. Auch die Beschäftigung mit großer Kunst oder hoch entwickelten, inspirierenden Persönlichkeiten dient dazu, ebenso wie eigene kreative Tätigkeiten, die sich ganz aus dem Inneren heraus gestalten.

Nur aus einer hohen Stimmung heraus sind wir in der Lage, mit uns selbst und den Umständen unseres Lebens schöpferisch umzugehen. Wenn wir hoher Stimmung sind, können wir Beschlüsse fassen, die die Kraft haben, unser Leben zu verändern. In hoher Stimmung können wir die Weichen für ein neues Leben stellen. In hoher Stimmung können wir ein strahlendes Bild unser selbst, unserer Beziehungen und unserer Lebensumstände entwerfen, das die Kraft hat, sich zu verwirklichen.

Die Technik

1. Nehmen Sie sich eine Stunde Zeit für sich allein.
2. Legen Sie eine Musik auf, die hohe Stimmung in Ihnen weckt – Bach, Mozart, Beethoven beispielsweise, geistliche oder spirituelle Musik, die Sie mögen.
3. Sprechen Sie ein Gebet, das aus der wahren Stimmung Ihres Herzens kommt, welche auch immer das im gegebenen Augenblick sein mag.
4. Denken Sie an ein Wesen, das in Ihnen größte Verehrung weckt – ob Jesus oder Maria, Buddha oder Mohammed, der Dalai Lama oder Mutter Theresa oder Gandhi... Machen Sie sich bewusst, dass dieses Wesen ein Ausdruck einer noch viel größeren Schönheit und Vollkommenheit ist und dass es in Wahrheit diese noch größere Schönheit und Vollkommenheit – die wir Gott nennen – ist, die Sie verehren.
5. Denken Sie an ein Wesen, das in Ihnen die allergrößte Liebe weckt, eine Liebe, die Sie wünschen lässt, das Schönste und Beste zu sein, das Sie sein können, um diesem Wesen zu dienen. Das kann Ihr Lebenspartner oder Ihr Kind sein,

Ihre Eltern, ein Freund oder eine Freundin, aber auch Menschen, die Ihnen anvertraut sind – als Patienten, Schüler oder was auch immer.

6. Bitten Sie darum, dass die Liebe und Verehrung, die Sie für diese Wesen empfinden, Ihr Herz aufweckt und Ihnen die Kraft gibt, Ihre Ideale zu verwirklichen.
7. Finden Sie zum Abschluss dieser Übung ein Symbol, das Sie in Zukunft an diese Meditation erinnern und diese Kraft in Ihrem Herzen wach halten oder wecken wird.

Teil II: Die Vorbereitung zur Meditation

Die Meditation und der Körper

Man braucht einen geschmeidigen Körper,
wenn man bei klarem Verstand sein will …
Carlos Castaneda

Es ist schwer, den für die Meditation erforderlichen Grad an Wachheit, Konzentration und Entspannung herzustellen, die Gedanken zu beruhigen und zur Klarheit zu finden, wenn der Körper nicht genügend Spannkraft und Vitalität hat. Allen Menschen, die keiner körperlichen Beschäftigung nachgehen, wird deshalb im Zusammenhang mit dem Erlernen der Meditation zumindest ein Minimum an regelmäßiger körperlicher Bewegung empfohlen. Gehen Sie viel spazieren, fahren Sie Rad, treiben Sie ein wenig Sport oder Gymnastik, tanzen Sie, machen Sie Yoga oder Tai Qi. Irgendeine Möglichkeit findet sich für jeden, auch wenn er sich schwach, alt oder klapprig fühlt.

Auf jeden Fall aber tut es gut und erleichtert das Eintauchen in den meditativen Zustand, wenn man unmittelbar vor der Meditation ein Mini-Bewegungsprogramm einschaltet, das vier Elemente enthält: Schütteln, An- und Entspannen, Strecken und Kreisen der Gelenke.

Wer starkes Interesse am Erlangen von Bewusstheit und spirituellem Erwachen hat, dem sei geraten, sein Energieniveau mit Hilfe eines hierzu geeigneten Trainingsprogramms zu erhöhen, wie beispielsweise: Qi Gong, Tai Qi, Tensegrity oder auch Tanzen mit den fünf Rhythmen nach Gabrielle Roth.

Ein Körper-Kurzprogramm zur Vorbereitung auf die Meditation

Zuerst bereiten wir den Körper vor, an der Meditation teilzunehmen. Meditation ist keine Kopfübung, sondern eine, an der das ganze Wesen – Körper, Seele, Herz und Geist – teilnimmt. Spüren Sie Ihren Körper, lassen Sie ihn bitte teilnehmen und spüren Sie Ihren Atem.

Bei dieser Übung werden Sie bemerken, dass alles, was in der Meditation geschieht, auch eine Veränderung in Ihrem Körpergefühl, Ihrem Gesichtsausdruck und Ihrer Haltung nach sich zieht.

Die Technik

1. Schütteln Sie sich frei! Diese Übung sollten Sie nur vor einer Mahlzeit ausführen, nicht danach! Stellen Sie sich aufrecht hin, die Füße ungefähr schulterbreit parallel. Gehen Sie leicht in die Knie, als wollten Sie sich in einen Stuhl setzen. Wippen Sie nun ganz leicht, ohne die Fersen vom Boden zu heben, so dass der ganze Körper durchgeschüttelt wird. Schütteln Sie zum Schluss Arme und Beine separat durch.
2. Zum Abschluss der Schüttelübung stehen Sie bitte eine Weile still, bis Sie das Gefühl haben, dass sich alles wieder

gesetzt und beruhigt hat. (Sie sollten die Schüttelübung niemals plötzlich abbrechen, ohne sie mit Stillstehen abgeschlossen zu haben! Wenn es doch einmal nötig sein sollte, weil es zum Beispiel an der Tür klingelt, dann nehmen Sie sich wenigstens einen Atemzug lang Zeit, um still zu stehen und die Übung bewusst abzuschließen. Sonst verlieren Sie Energie.)

3. Strecken, recken, dehnen Sie sich ausgiebig.
4. Spannen Sie die Muskeln Ihres Körpers, soweit sie Ihnen bewusst sind – zum Beispiel Arme und Beine, Bauch und Rücken – einmal so kräftig wie möglich an, während Sie weiteratmen, und lassen Sie die Spannung nach einigen Atemzügen mit einem tiefen Ausatmen oder Seufzen gehen.
5. Lockern Sie Ihre Gelenke, indem Sie Schultern, Arme, Hände, Hüften und Füße kreisen lassen. Lockern Sie das Kiefergelenk durch Gähnen und Kaubewegungen.

Wenn Sie in Ihrer Meditation einer Emotion begegnen, werden Sie diese als Körperzustand erleben. Wenn Sie meditierend einem Problem auf den Grund gegangen und durch den Knoten hindurch gelangt sind, dann werden Sie merken, dass Ihre Atmung sich beruhigt und Ihr Körper sich entspannt. Und wenn Sie in die tiefe Meditation eintreten, dann werden Sie bemerken, dass der Atem sich noch mehr verlangsamt und vertieft hat und Ihr Körper sich ganz von allein aufgerichtet hat und sich nun in einem Zustand befindet, der Ihrem Geist ermöglicht und erlaubt, sich vollkommen seinen Tiefenforschungen oder Höhenflügen hinzugeben.

So begeben Sie sich in einen meditativen Zustand

Wenn wir die beste Haltung eingenommen haben, also harmonisch im Gleichgewicht und locker sind, sitzen wir einfach da und üben ... Wenn Sie gerade erst mit dem Übungsweg begonnen haben, müssen Sie wissen, dass fünfzehn Minuten Sitzen auf diesem Kissen bereits ein Sieg ist. Es ist schon sehr viel, gelassen dazusitzen, einfach da zu sein.
Charlotte Joko Beck

In fast jeder Meditationsanleitung dieses Buches finden Sie als ersten Hinweis »Begeben Sie sich in einen meditativen Zustand«. Wenn Sie bereits meditieren und Ihre besondere Technik haben, können Sie an dieser Stelle natürlich Ihre Technik verwenden. Wenn Sie noch nie meditiert haben oder eine neue Methode kennen lernen möchten, empfehle ich Ihnen, die folgende Technik anzuwenden. Üben Sie sie eine Zeit lang regelmäßig gesondert, bevor Sie mit den spezifischen Meditationsmethoden beginnen. Nehmen Sie sich am Anfang 15 Minuten Zeit (oder mehr) dafür. Nach einiger Übung können Sie dann den meditativen Zustand in wesentlich kürzerer Zeit herbeiführen. Meditation erfordert vor allem zweierlei: Entspannung und Wachheit.

Die Entspannung

Hier ist körperliche und geistige Entspannung gemeint. Um sie zu erreichen, kann es notwendig sein, erst einige Körperübungen zu machen (wie im vorigen Kapitel geschildert). Besonders für gestresste und kopflastige Menschen ist das wichtig.

Um einen hohen Grad muskulärer Entspannung zu erreichen, können Sie den Atem benutzen.

Das Ausatmen hilft Ihnen, Spannungen entweichen zu lassen (wie beim Seufzen). Das Einatmen hilft, verkrampfte und verknotete Bereiche zu öffnen, so dass die Energie wieder freier fließen kann.

Die Konzentration auf den Atem bewirkt ferner, dass die Gedanken sich beruhigen. Unser Geist ist beschäftigungssüchtig – mentale Energie möchte sich immer mit irgendetwas beschäftigen. Wir werfen ihr den Atem als Köder vor.

Auch das Gehirn kann man entspannen, indem man sich vorstellt, dass es sich entspannt, und ebenso die Gedanken. Man kann sich innerhalb des eigenen Körpers zurücklehnen wie in einem Sessel. Das fördert die Entspannung enorm und hilft überdies, in ein Gefühl von Zeitlosigkeit einzutauchen. Man zieht sich aus dem Fluss des Geschehens zurück.

Die Wachheit

Meditation ist keine Trance. Im Gegenteil: Die Bewusstheit ist weit geöffnet und nicht eingeengt wie bei der Trance. Sie sind hellwach. Der Ansatz ist immer im Hier und Jetzt. Auch wenn Sie andere Dimensionen der Wirklichkeit und Wahrnehmung erleben möchten: Alles trifft sich im Hier und Jetzt.

Deshalb vermeidet man es bei der Meditation, seine Aufmerksamkeit vom Hier und Jetzt zu entfernen. Statt mit den Gedanken davonzuschwimmen, bleiben wir hier – bei dem, was ist. Der Anker, der uns hier hält, ist der Atem. Wenn wir den Atem wahrnehmen, sind wir im Hier und Jetzt. Ereignisse aus der Vergangenheit (auch was *gerade eben* geschehen ist, ist *jetzt* Vergangenheit!) mögen an unserem Geist vorbeiziehen.

Bei der Meditation wollen wir uns nicht ins Denken verwickeln lassen. Gedanken tauchen auf, ballen sich mit anderen Gedanken zusammen, wandern im Kreis herum oder machen Platz für neue Gedanken. Wir nehmen sie wahr, folgen ihnen aber nicht. Auf diese Weise beobachten wir den Prozess des Denkens, ohne uns hineinziehen zu lassen.

(Natürlich kommt es schon einmal vor, dass man sich doch dazu verleiten lässt. Sobald Sie das feststellen, wachen Sie aus Ihren Gedanken auf, und kehren zum Wahrnehmen des Atems zurück.)

Dabei geht es nicht um Leistung oder darum, irgendwann ein Ziel zu erreichen. Es ist normal, dass man von seinen Gedanken davongetragen wird. Sich darüber zu ärgern, ist fruchtlos. Wenn Ärger auftaucht, nehmen Sie ihn zur Kenntnis und kehren zur Wahrnehmung des Atems zurück. Es gibt nichts zu erreichen. Es geht um das, was jetzt ist.

Jeder Augenblick der Wachheit ist Ziel und Sinn in sich. Wachheit ohne Entspannung kann zu Verkrampfung und Leistungsstress führen, den großen Feinden der Meditation. Entspannung ohne Wachheit führt wiederum zum Dösen, zu Träumereien und Trancezuständen.

Die Haltung

Um eine maximale Entspannung und dabei größtmögliche Wachheit zu erreichen, braucht man eine gute Sitzhaltung. Üben Sie bitte möglichst im Sitzen, nicht im Liegen. Liegen begünstigt zwar die Entspannung, nicht jedoch die Wachheit. Außerdem ist die energetische Situation bei senkrechter Körperachse für die Meditation förderlich. Üben Sie nur dann im Liegen, wenn Sie aufgrund von Schmerzen oder Behinderungen nicht oder nicht gut sitzen können. Menschen, die aufgrund körperlicher Beeinträchtigung ständig liegen müssen, können durchaus gut im Liegen meditieren, anders als Menschen, die sich normalerweise nur zum Schlafen hinlegen.

Wenn es irgend geht, üben Sie nicht auf einem Stuhl, sondern auf dem Fußboden sitzend. Mit einer bequemen Unterlage und einem oder zwei sehr hohen Kissen kann auch ein Ungeübter ohne Schwierigkeiten sitzen. Nehmen Sie ein Fell oder eine weiche Decke als Unterlage, und legen Sie darauf ein sehr hohes, eher hartes Kissen (ein weiches drückt sich flach) oder zwei Kissen übereinander. Winkeln Sie nun das eine Bein vor dem Oberkörper an, und legen Sie das andere darauf. Der Fuß des oberen Beines liegt auf dem Unterschenkel, Knie oder, wenn Sie sehr gelenkig sind, auf dem Oberschenkel des unteren.

Das ist eine Haltung, die auch ein Anfänger gut durchhalten kann, vorausgesetzt, das Kissen ist wirklich hoch und die Unterlage weich genug. Sie können auch rittlings auf einem hohen Kissen sitzen. Experimentieren Sie ruhig so lange, bis Sie herausgefunden haben, wie Sie am besten aufrecht und entspannt sitzen können. Wenn Ihre Beine das Sitzen auf dem Boden nicht mitmachen wollen, nehmen Sie ein Meditationsbänkchen mit abgeschrägter Sitzfläche oder einen modernen Kniestuhl. Wenn Ihnen nur ein normaler Stuhl zur Verfügung steht, rücken Sie ganz nach hinten auf der Sitzfläche, so dass Sie sich leichter anlehnen können und ganz aufrecht sitzen.

Wichtig ist, dass Sie den Rücken vom Steißbein an aufwärts geradehalten können, ohne dafür Muskeln anspannen zu müssen. Wenn Sie auf einem normalen Stuhl sitzen, ohne im Kreuzbereich gestützt zu sein, sacken Sie zusammen, wenn Sie die Muskeln an der Unterseite der Oberschenkel nicht anspannen. Auch im gewöhnlichen Schneidersitz kann man sich nicht lange aufrecht halten.

Die Knie (wenigstens eines) auf dem Boden, der Rücken gerade, der Körper entspannt: Das ist eine Haltung, die den meditativen Zustand fördert. Die Augen sind geschlossen, die Hände können ineinander gelegt werden oder auf den Knien ruhen, ganz so, wie es Ihnen angenehm ist. Während einer längeren Meditation können Sie die Sitzhaltung wechseln, wenn es nötig ist. Sie können beispielsweise das obere Bein vom unteren herunternehmen und so ablegen, dass der Oberschenkel neben und der Unterschenkel hinter dem Körper liegt. Kehren Sie dann wieder in die korrekte Haltung zurück, sobald Ihnen dies möglich ist.

Zwei Grundtechniken der Meditation

»Wenn wir wirklich Abstand nehmen und beobachten ..., können wir allmählich unsere Gedanken als Gedanken, das heißt als etwas Unwirkliches sehen und erkennen, dass sie nicht die Wahrheit sind ... Und was bleibt dann? Es bleibt die unmittelbare Erfahrung der physischen Reaktion in meinem Körper, der Bodensatz sozusagen. Wenn ich diesen Bodensatz direkt erlebe, werde ich, allmählich in die Dimension gelangen, in der ich weiß, was zu tun und was der nächste Schritt ist.«

Charlotte Joko Beck

Dies sind Basisübungen, die ich Ihnen empfehle, eine Zeit lang zu üben, bevor Sie sich daranmachen, die in diesem Buch beschriebenen themenorientierten Meditationen zu üben.

Grundtechnik 1: Das einfache Sitzen

Nachdem Sie Ihren Körper vorbereitet und Ihre Meditationshaltung eingenommen haben, schließen Sie entweder die Augen oder lassen Sie sie geöffnet, wobei Sie keinen bestimmten Punkt oder Gegenstand fixieren.

Sitzen Sie einfach still, ohne irgendetwas zu tun. Seien Sie einfach da und nehmen Sie wahr, was immer im jeweiligen Moment wahrzunehmen ist: Geräusche, optische Eindrücke, Gerüche, Körperempfindungen, Ihre Reaktionen auf Sinneseindrücke – Gedanken, Gefühle ... und den Atem. Jeden Atemzug. Nehmen Sie jedes Einatmen und jedes Ausatmen wahr. Am besten konzentrieren Sie diese Wahrnehmung des Atems im Bauch: Nehmen Sie wahr, wie die Bauchdecke sich beim Einatmen hebt und beim Ausatmen senkt.

Es gibt nichts zu tun, nichts zu korrigieren. Nichts muss anders sein, als es ist. Bleiben Sie einfach da und nehmen Sie wahr. Wenn Sie präsent bleiben, nehmen Sie Ihren Atem wahr, einfach weil der Atem da ist. Wenn Sie Ihren Atem nicht wahrnehmen, sind Sie nicht ganz da (sondern in Gedanken woanders). Sobald Sie dies bemerken, benennen Sie kurz, woran Sie gedacht haben (»Gedanke an soundso«), und kehren Sie dann zurück zum Atem und zu den Sinneseindrücken.

Grundtechnik 2: Sich in einen meditativen Zustand begeben

Wenn Sie die in diesem Buch beschriebenen themenorientierten Meditationen üben, dann dient diese Grundtechnik (die Sie nach einiger Übung in Kurzform anwenden können) als erster Schritt. Sie entspricht der Anweisung »Begeben Sie sich in einen meditativen Zustand«.

1. Das Körper-Kurzprogramm

Bereiten Sie den Körper auf die Meditation vor, indem Sie einige Bewegungsübungen machen: Schütteln, Muskelan- und -entspannung, Dehnen und Strecken (wie im Kapitel »Die Meditation und der Körper« ab Seite 45 beschrieben).

2. Ein festlicher Rahmen

Zünden Sie eine Kerze an, das fördert eine meditative Stimmung im Raum.

3. Die Haltung

Nehmen Sie Ihre Meditationshaltung ein. Richten Sie Ihr Rückgrat vom Steißbein an sorgfältig auf. Entspannen Sie besonders Schultern, Bauch und Gesicht.

4. Das Ankommen

Lassen Sie abends kurz den vorangegangenen Tag oder morgens den voraussichtlichen Tagesablauf im Geist vorbeiziehen. Wenn ein wichtiger Gedanke auftaucht, den Sie nicht vergessen möchten, dann unterbrechen Sie ruhig Ihre Sitzung, um es aufzuschreiben – ansonsten könnte es Ihre Konzentration stören. Lassen Sie dann alle Gedanken mit tiefem Ausatmen und hörbarem Seufzen gehen. Ziehen Sie all Ihre Aufmerksamkeit ins Hier und Jetzt. Schaffen Sie im Geist einen abgeschirmten, heiligen Raum um sich herum. Nichts und niemand hat dort Zutritt, auch kein störender Gedanke.

5. Mit Himmel und Erde Verbindung aufnehmen

Machen Sie sich Ihre körperliche Position bewusst: der Platz, an dem Sie sitzen – die Erde unter Ihnen, der Himmel über Ihnen. Stellen Sie über den untersten Teil des Rumpfes (den Steißbein- und Dammbereich) in Gedanken eine Verbindung zur Erde her. An dieser Stelle des Körpers befindet sich ein Energiezentrum, mit dem Sie Erdenergie aufnehmen. Lassen Sie Ihre Aufmerksamkeit eine Weile dort ruhen.

Wandern Sie dann zum obersten Punkt des Körpers, dem Scheitelbereich, und nehmen Sie Verbindung zum Himmel auf. Dort befindet sich ein Energiezentrum, mit dem Sie Energie aus dem Kosmos aufnehmen. Fühlen Sie Ihr Rückgrat wie einen Verbindungskanal zwischen diesen beiden Polen.

6. Sich nach innen und außen öffnen

Richten Sie (mit geschlossenen Augen) Ihre Aufmerksamkeit nach außen. Stellen Sie sich vor, dass Ihre Bewusstheit sich über Ihren Körper hinaus ausdehnt, bis sie den ganzen Raum erfüllt, in dem Sie sich befindet, dann das ganze Haus, den ganzen Planeten, die Erdatmosphäre, das Sonnensystem, die Galaxie ...

Mit jedem Ausatmen weiten Sie Ihr Bewusstsein ein wenig mehr aus und mit ihm Ihr Identitätsgefühl.

Dann wenden Sie sich nach innen. Mit jedem Einatmen ziehen Sie sich tiefer nach innen zurück.

Zum Schluss wechseln Sie zwischen innen und außen ab, indem Sie mit jedem Einatmen nach innen gehen und mit jedem Ausatmen (weit!) nach außen.

7. Die Entspannung

Lassen Sie den Atem frei und natürlich fließen, ohne ihn zu beeinflussen. Stellen Sie sich vor, dass mit jedem Ausatmen Spannung aus Ihrem Körper und Geist weicht und dass sich mit jedem Einatmen innere Bereiche Ihres Körpers weiten und lockern. Wenn Sie das Bedürfnis verspüren, seufzen Sie zwei bis drei Mal.

8. Die Stille

Treten Sie in die Stille ein. Lassen Sie den Atem kommen und gehen, wie er will. Zentrieren Sie Ihre Aufmerksamkeit im Unterbauch. Folgen Sie dem Kommen und Gehen des Atemstroms und dem Heben und Senken der Bauchdecke. Lassen Sie zu, dass sich Ihre Gedanken beruhigen.

Nehmen Sie Ferngeräusche wahr.

Genießen Sie die Stille. Bleiben Sie still und empfänglich sitzen, solange Sie Lust haben (oder so lange, wie Sie es vorher festgelegt haben), oder aber treten Sie nun in die spezifische Meditation ein, die Sie sich vorgenommen haben.

9. Die Meditation beenden

Kehren Sie nie abrupt, sondern bewusst und langsam aus der Meditation in den gewöhnlichen Bewusstseinszustand zurück. Wenn Sie in der Meditation etwas Besonderes erlebt oder erkannt haben, dann verankern Sie es gut in Ihrem Bewusstsein. Bevor Sie die Augen öffnen, bereiten Sie sich aktiv auf die Alltagswelt vor, beispielsweise, indem Sie sich etwas vornehmen. Kehren Sie mit Ihrer Bewusstheit ganz in Ihren Körper zurück. Atmen Sie dreimal kräftig und hörbar durch die Nase, und ballen Sie die Fäuste, bevor Sie die Augen öffnen.

Strecken und dehnen Sie sich ausgiebig.

Ergänzende praktische Tipps

- Wenn Sie zu müde sind, um zu meditieren, dann legen Sie sich schlafen (manchmal reicht ein Kurzschlaf von wenigen Minuten aus) oder gehen Sie spazieren. Meditieren Sie später.
- Wenn die Zeit knapp ist, dann prägen Sie sich vor der Meditation genau ein, wie viel Zeit Ihnen zur Verfügung steht, und beschließen Sie, sich in aller Intensität ausschließlich der Meditation zu widmen.
- Wenn Sie in die Meditation eintreten, stellen Sie sich vor, einen Tempel oder eine Kirche zu betreten, und lassen Sie die Außenwelt (samt den Gedanken, die an sie geknüpft sind) draußen. Wenn es etwas gibt, das unbedingt mit hineinwill (eine brennende Sorge zum Beispiel), nehmen Sie es mit hinein, und tragen Sie es vor Ihren inneren Altar.
- Wenn das, worauf Sie sich konzentrieren möchten (etwa Gedanken und Gefühle), sich versteckt, dann beobachten Sie einfach Ihren Atem, und bleiben Sie weiterhin wachsam.
- Wenn Sie während der Meditation schläfrig werden, dann atmen Sie ein paar Mal scharf und hörbar durch die Nase.

Teil III: Probleme lösen mit Meditation

Ein Überblick

Der grundlegende Unterschied zwischen einem normalen Menschen und einem Krieger besteht darin, dass der Krieger alles als Herausforderung annimmt, während der normale Mensch alles entweder als Segen oder als Fluch auffasst.
Carlos Castaneda

Wenn Sie einem Problem mit Hilfe meditativer und kontemplativer Methoden auf den Grund gehen möchten, so empfehle ich folgende Schritte:

1. Klärung Ihrer Sicht durch Bewusstmachen Ihrer Gefühle und Öffnen des Herzens (körperzentrierte Herzensarbeit). Dieser Schritt ist immer notwendig, da Ihre Sicht notgedrungen durch Gefühle und Gedanken, mit denen Sie unbewusst identifiziert sind, verzerrt ist, sonst hätten Sie mit der Angelegenheit kein Problem. Wenn Sie sich diese Gefühle und Gedanken bewusst machen und sich aus der Identifikation mit ihnen lösen, ist der Weg frei für tiefe Einsicht in Ursache, Art und Zweck des Problems. Oft ist dieser Schritt alleine ausreichend, um zu einer Lösung zu gelangen (siehe nachfolgendes Kapitel über die körperzentrierte Herzensarbeit).
2. Einnehmen einer anderen Perspektive (siehe nachfolgende Vorschläge).

3. Herausfinden, zu welchem Entwicklungsschritt das Problem Sie anregen möchte (siehe nachfolgende Anregungen zur Arbeit mit Qualitäten).
4. Abschließend stille Meditation, um sich der Intuition oder Inspiration zu öffnen.

Die Basis-Übung zur Klärung aller Probleme: Die körperzentrierte Herzensarbeit

Wenn einem das Herz aufgeht, wird alles einfach und klar …
Ein Problem, das eben noch unlösbar schien, ist auf einmal keines mehr.
Safi Nidiaye
in: »Herz öffnen statt Kopf zerbrechen«

Ganz gleich mit welchem Problem Sie sich herumschlagen: Als Erstes müssen Sie dafür sorgen, dass Klarheit in Ihrem Inneren herrscht und Ihre Sicht- und Handlungsweise nicht von Gefühlen und Gedanken beherrscht wird, die Ihnen nicht bewusst sind und es Ihnen unmöglich machen, die Dinge zu sehen, wie sie sind. Das hierfür nach meiner Erfahrung am besten geeignete und am einfachsten zu handhabende Instrument ist die körperzentrierte Herzensarbeit. Dies ist eine Technik, die ich aus der Meditation abgeleitet habe und die ich seit Anfang der 90er-Jahre ständig weiterentwickelt und verfeinert habe. Mehr darüber finden Sie in meinen Büchern.

Wenn eine Angelegenheit Ihnen ein Problem bereitet, so liegt dieses Problem niemals in der Angelegenheit selber, sondern stets in Ihnen: darin nämlich, dass die Sache in Ihnen Gefühle auslöst, die Sie nicht fühlen möchten (wie in Teil I bereits erklärt). Durch die unbewusste Identifikation mit der Angst vor diesen Gefühlen ist Ihre Sicht der Dinge stark verzerrt. Um klar erkennen zu können, worum es geht und was zu tun ist, müssen Sie sich dieser Verzerrung bewusst werden und den Filter aus unbewussten Gedanken und Gefühlen, durch den Sie die Dinge betrachten, entfernen.

Diese Klärung der Gefühle beschert Ihnen nicht nur den Segen eines neutralen Standpunktes und einer von persönlichen Emotionen ungetrübten Sicht, sondern hilft Ihnen darüber hinaus, Teile Ihrer selbst zu entdecken, die Ihnen bislang verborgen waren, und diesen Teilen Ihr Herz zu öffnen, sie also gewissermaßen nach Hause zu holen zu sich selber. Wenn Sie die nachfolgend beschriebene Übung der körperzentrierten Herzensarbeit anhand eines konkreten Problems durchführen, werden Sie deshalb am Ende nicht nur klarer sehen, Sie werden sich auch vollständiger und heiler fühlen als zuvor und den wunderbaren Zustand des offenen Herzens erleben, der Sie obendrein fähig macht, wahrzunehmen, wie sich die anderen am Problem Beteiligten fühlen. Statt in ein Problem verwickelt zu sein und an Ärger, Angst oder Sorge zu leiden, werden Sie sich frei von emotionalen Reaktionen und im Zustand des Mitgefühls erleben.

Die körperzentrierte Herzensarbeit hilft:

- im Körper das Gefühl aufzuspüren, das die betreffende Angelegenheit zu einem Problem macht.
- den Körper von der Spannung (oder anderweitigen Symptomatik) zu befreien, in der das (unbewusste und chronische) Gefühl ihn gehalten hatte.
- sich aus der Identifikation mit diesem Gefühl zu lösen, indem man erkennt, dass es ein Gefühl und keine Tatsache ist.
- sein Herz für das betreffende Gefühl zu öffnen.
- dadurch zu Selbstheilung, Einsicht in Sinn und Hintergrund des Problems, Mitgefühl für die anderen Beteiligten und eventuell Intuition zu gelangen.
- sich aus der Problematik zu lösen.
- Ihre Sichtweise, Ihr Gefühl, Ihre Ausstrahlung und in der Folge meist auch die äußeren Umstände zu verändern.

In der körperzentrierten Herzensarbeit arbeitet man mit derselben Technik wie in der Meditation, nur dass man das Bewusstsein auf ein bestimmtes Thema – nämlich das betreffende Problem – richtet.

Wenn man meditiert, ist man wach und präsent (statt in Gedanken zu verweilen, die sich mit Vergangenheit, Zukunft oder Spekulationen beschäftigen), das Bewusstsein ist offen und auf nichts Besonderes gerichtet.

Man spürt seinen Atem (einfach weil er da ist – wenn man ihn nicht spürt, ist man nicht präsent, sondern in Gedanken), und nimmt bewusst wahr, was immer den Bildschirm des Bewusstseins betritt – Sinneseindrücke, Gedanken, Gefühle, feinere Wahrnehmungen von Licht, Energie, Intuition – was auch immer. Dieselbe atemverbundene und wache Bewusstheit, die in der Meditation auf nichts Besonderes gerichtet ist (sonst ist es nicht Meditation, sondern Kontemplation), kann man jedoch auch auf etwas richten. Man kann den Lichtstrahl der Aufmerksamkeit auf einen bestimmten Gegenstand konzentrieren. Das nennt man Kontemplation.

In der körperzentrierten Herzensarbeit richtet man den Lichtstrahl der Aufmerksamkeit auf das, was in seinem Körper geschieht, während man an ein bestimmtes Problem denkt, denn die Gefühle, die dem Bewusstsein verborgen sind, entdeckt man im Körper, da jedes Gefühl nicht nur eine geistig-psychische, sondern auch eine körperliche Realität ist: Denken Sie nur an all die Anspannung, die Sie im Körper verspüren, wenn Sie wütend oder ängstlich sind! Im Licht dieser konzentrierten Aufmerksamkeit kann man entdecken, welche bislang unbewussten Gedanken und Gefühle hinter dem betreffenden Problem stecken und durch dieses auf sich aufmerksam machen. Im Licht der meditativen oder, besser gesagt, kontemplativen Aufmerksamkeit erkennt man sie als das, was sie sind: nämlich Gedanken und Gefühle (bisher hatte man sie unbewusst für Tatsachen gehalten), und durch diese Erkenntnis erwacht man aus ihnen. Statt einen Gedanken unbewusst für wahr zu halten und darauf emotional zu reagieren, erkennt man, dass der Gedanke ein Gedanke ist und nimmt wahr, wie man sich aufgrund dieses Gedankens fühlt.

Dieses Gefühl empfindet man nun bewusst, statt weiterhin unbewusst von ihm beherrscht zu sein, wodurch die Spannung, die aufgrund dieses Gefühls im Körper existierte, sich löst. Und schließlich öffnet man sein Herz für dieses Gefühl, indem man feststellt, was die betreffende Emotion braucht, um aus der Verbannung erlöst zu werden (nämlich das Gegenteil von dem, womit wir es verbannt haben) und heimkehren zu können ins Herz, in das Zentrum unseres Fühlens.

Die körperzentrierte Herzensarbeit

Unter jedem Problem sitzt ein Schmerz, den man nicht fühlen will ...

Und unter jedem Schmerz liegt eine Sehnsucht begraben. Befreit man diese Sehnsucht, dann setzt man die schöpferische Kraft in Gang, die aus einem Problem eine Veränderung zum Positiven macht.

Die Technik

1. Vergegenwärtigen Sie sich Ihr Problem. Erinnern Sie sich an die betreffende Situation (oder malen Sie sie sich aus, wenn sie in der Zukunft liegt) oder den betreffenden Menschen oder was auch immer es ist.
2. Spüren Sie Ihren Atem, und richten Sie Ihre Aufmerksamkeit auf Ihren Körper. Vom Scheitel bis zur Sohle: Wo gibt es etwas in Ihrem Körper, das Ihnen besonders auffällt, während Sie an Ihr Problem denken?
3. Konzentrieren Sie Ihre Aufmerksamkeit auf den Bereich Ihres Körpers, in dem Ihnen etwas Besonderes auffällt. Lernen Sie den Zustand, in dem dieser Teil Ihres Körpers sich befindet, kennen, indem Sie ihn bewusst erleben. Spüren Sie Ihren Atem dabei.
4. Machen Sie sich klar, dass der Teil Ihres Körpers, bei dem Sie sich befinden, zugleich ein Teil Ihrer selbst ist, und folglich der Zustand, in dem er sich befindet – das körperliche Symptom –, zugleich Ihr eigener Zustand ist: Ihr Gefühl. Der Körperzustand drückt ein bestimmtes Gefühl aus. Welches Gefühl? Spüren Sie Ihren Atem, und achten Sie darauf, wie Sie sich fühlen, während Sie mit intensiver Aufmerksamkeit den betreffenden Körperzustand erleben.
5. Lernen Sie dieses Gefühl nun kennen. Erleben Sie ganz bewusst – während Sie Ihren Atem spüren –, wie es ist, sich so zu fühlen. Lassen Sie das Gefühl ganz zu, ohne in ihm zu versinken. Lernen Sie es kennen.
6. Öffnen Sie Ihr Herz für dieses Gefühl, indem Sie sich fragen, was es von Ihnen braucht, um aus der Verbannung erlöst zu werden. Probieren Sie die im Folgenden aufgeführ-

ten Herzensschlüssel aus. Spüren Sie Ihren Atem, bleiben Sie in Kontakt mit dem Gefühl, und lassen Sie die Worte auf sich wirken. Beobachten Sie, auf welches der Worte etwas in Ihnen mit Rührung oder Erleichterung reagiert. Achtung: Was braucht dieses Gefühl von Ihnen? Braucht es vor allen Dingen:

- Dass Sie es wahrnehmen? Dass Sie es fühlen? Dass Sie es als Gefühl wahrnehmen, statt es für eine Tatsache zu halten?

Oder braucht es vor allem:

- Anerkennung (statt weiter geleugnet zu werden)? Erlaubnis?
- Mitgefühl? Erbarmen? Verständnis? Achtung? Oder Raum?

7. Halten Sie das betreffende Gefühl in Ihrem Bewusstsein und Herzen, und denken Sie erneut an die Ausgangssituation (das, was Sie sich zu Beginn der Übung vorgestellt hatten). Wie nehmen Sie die Situation nun wahr? Was hat sich verändert?
8. Unterbrechen Sie die Übung an dieser Stelle, wenn es für den Augenblick genug ist, und kontemplieren Sie das Thema auf die gleiche Weise ein anderes Mal weiter (oder auch sofort, wenn Ihnen das sinnvoll erscheint), so lange, bis Sie dem emotionalen Hintergrund des Problems ganz und gar auf den Grund gegangen sind.
   Dies ist der Fall, wenn Sie das schlimme Gefühl entdeckt und zugelassen haben, das Sie auf keinen Fall fühlen wollten und weswegen Sie die Angelegenheit als Problem betrachtet hatten.

9. Wenn Sie den Schmerz (also das ganz schlimme Gefühl, das Sie nicht fühlen wollten) entdeckt und zugelassen haben, fragen Sie sich bitte, welche Sehnsucht unter diesem Schmerz verborgen oder vergraben liegt. Wonach sehnen Sie sich in Bezug auf die betreffende Angelegenheit? Was ist Ihr Wunsch? Wie soll es sein, wenn es nach Ihnen ginge? Öffnen Sie auch dieser Sehnsucht Ihr Herz, indem Sie feststellen, was sie von Ihnen braucht. Braucht sie vor allem:
   - dass sie gefühlt oder zugelassen wird?
   - dass sie da sein darf (= Erlaubnis)?
   - Raum?
   - Achtung?
   - oder dass ihre Erfüllung für möglich gehalten wird?

Beobachten Sie, auf welchen dieser Gedanken etwas in Ihrem Inneren mit Öffnung, Erleichterung oder Rührung reagiert. Das ist ein Zeichen dafür, dass sich Ihr Herz Ihrer Sehnsucht geöffnet hat.

Für den Fall, dass Sie einmal nicht die Zeit haben, um diese Übung in Ruhe durchzuführen, und trotzdem von der Technik der körperzentrierten Herzensarbeit profitieren möchten, um sich Klarheit über Ihre Gefühle zu verschaffen, gibt es einen einfacheren Weg, der für den Gebrauch mitten in alltäglichen Situationen besser geeignet ist, jedoch nicht so schnell in die Tiefe führt wie der oben geschilderte:

Die Technik

1. Vergegenwärtigen Sie sich Ihr Problem.
2. Beobachten Sie Ihre Gedanken zum Problem.
3. Stellen Sie fest, welche Gefühle diese Gedanken ausdrücken und welches Gefühl im Vordergrund steht. Konzentrieren Sie sich auf dieses Gefühl, und lernen Sie es kennen.
4. Wie fühlt es sich körperlich an, sich so zu fühlen?
5. Was braucht dieses Gefühl von Ihrem Herzen? (Probieren Sie die Herzensschlüssel durch, die in der ersten Variante der Übung beschrieben sind.)
6. Stellen Sie fest, welches tiefere Gefühl darunter verborgen ist. Wenn Sie beispielsweise Angst entdeckt haben, fragen Sie sich, wovor Sie Angst haben, wenn Sie ärgerlich oder wütend sind, fragen Sie sich, was Ihnen so wehtut, dass Sie sich ärgern oder wütend sind, und wenn Sie traurig sind, fragen Sie sich, worüber Sie traurig sind. Auf diese Weise dringen Sie zu dem Schmerz durch, der unter diesen negativen Emotionen verborgen ist.
7. Lernen Sie diesen Schmerz kennen, statt ihm weiter aus dem Weg zu gehen. Spüren Sie Ihren Atem, machen Sie sich klar, dass es darum geht, ein Gefühl wahrzunehmen, das ohnehin vorhanden ist, und lassen Sie das schmerzvolle Gefühl zu. Befreien Sie Ihren Körper von der Last dieses alten Schmerzes und sich selbst von der Angst davor. Es ist nur ein Gefühl! Sobald Sie es zur Gänze gefühlt haben, ist der ganze Spuk vorbei, und Sie sind aus der Problematik erlöst.

Zur Technik der körperzentrierten Herzensarbeit finden Sie im Literaturverzeichnis einige Bücher, die Sie weiterbringen.

Weitere grundsätzliche Möglichkeiten der problembezogenen Meditation

Über die eigene persönliche Perspektive hinauszugelangen: Darum geht es in der Meditation.
Pir Vilayat Khan

Manchmal verspüren wir das Bedürfnis, nach der Klärung der dem Problem zu Grunde liegenden Gefühle, die Angelegenheit erst einmal auf sich beruhen zu lassen. Oft gelangt man allein durch diesen Schritt schon zu einer Lösung.

In manchen Fällen jedoch gibt uns das Problem den Anstoß, einmal über unsere kleine Perspektive hinauszuschauen, andere Sichtweisen zu erforschen, höhere Funktionen des Denkens (siehe Teil I) ins Spiel zu bringen und es in kreativer Weise zu unserer Weiterentwicklung zu nutzen. In Teil IV gebe ich hierzu Anregungen, die sich jeweils auf eine bestimmte Problematik beziehen. Lassen Sie mich Ihnen zunächst jedoch einen Überblick über die Möglichkeiten geben, die meditative Techniken Ihnen in Bezug auf die Klärung und Lösung Ihrer Probleme geben können.

Die Perspektive wechseln

Beim schlichten Innewerden des Problems – also der Situation, wie sie ist, und Ihres Denkens, das sie zu einem Problem macht – können Sie es natürlich bewenden lassen. Wenn Sie das ausgiebig und immer wieder üben, ergibt sich alles Weitere von selbst. Wir können das den passiven Weg nennen: nur gewahr werden, nicht aktiv werden.

Sie können aber auch absichtlich eine andere Art von Gewahrsein herbeiführen, wenn Sie das Problem besser verstehen und überwinden möchten. Sie betrachten es aus einer anderen Perspektive.

Hierzu ist es notwendig, sich in einen meditativen Zustand zu begeben. Anderenfalls erfolgt der Perspektivenwechsel nur »mit dem Kopf«, und das reicht nicht aus.

Für den Perspektivenwechsel selbst gibt es die verschiedensten Möglichkeiten. Sie können wählen:

1. Eine andere zeitliche Perspektive

Begeben Sie sich in einen meditativen Zustand, und stellen Sie sich vor, es wäre zehn Jahre später. Betrachten Sie aus dieser Perspektive Ihr gegenwärtiges Problem in der Rückschau. Betrachten Sie die Angelegenheit ausgiebig aus der neuen Perspektive, bevor Sie Schlüsse ziehen und Urteile formulieren. Fragen Sie sich dann:

- Was habe ich damals versäumt?
- Was hätte ich tun sollen?
- Wofür war ich blind?
- Worauf wollte die Situation mich hinweisen?
- Welche Qualität verlangte sie von mir?

Statt zehn Jahre weiter zu gehen, können Sie sich auch den Augenblick vorstellen, in dem Ihr derzeitiges Leben zu Ende geht. Betrachten Sie Ihr Problem aus der Perspektive des Sterbebettes. »Benutze den Tod als Ratgeber«, riet der Schamane Don Juan seinem Schüler Carlos Castaneda. Es ist eine sehr aufschlussreiche Perspektive.

2. Eine andere räumliche Perspektive

Begeben Sie sich in einen meditativen Zustand. Entfernen Sie sich im Geist räumlich vom Ort Ihres persönlichen Dramas. Reisen Sie zu einem weit entfernten Standpunkt oder steigen Sie in die Höhe auf. Sehen Sie sich hohe Berge hinaufwandern oder die Erde mit oder ohne Fluggerät verlassen. Erst wenn Sie in Ihrer Vorstellung einen weit entfernten Standpunkt erreicht haben, dann schauen Sie auf Ihr Problem zurück. Lassen Sie ein Bild vor Ihrem geistigen Auge entstehen, das Sie selbst inmitten Ihrer Beziehungen und Lebensumstände zeigt und Ihnen Aufschluss über die Problemsituation gibt.

3. Die Perspektive eines anderen Menschen

Dies ist eine sehr hilfreiche Übung. Hier gibt es zwei Varianten. Sie können sie beide nacheinander (in der angegebenen Reihenfolge) ausprobieren.

a) Die Perspektive eines in das Problem verwickelten Mitmenschen, zum Beispiel des Partners oder Gegners, einnehmen.
b) Die Perspektive eines Weisen einnehmen.

Sind Sie schon einmal einem Menschen begegnet, in dessen Gegenwart Sie schlagartig Ihrer Probleme enthoben waren? Bei dem Ihnen Ihr Leben ganz einfach und leicht vorkam?

Die Technik

1. Begeben Sie sich in einen meditativen Zustand.
2. Setzen Sie die Person, um die es geht, im Geist vor sich hin.
3. Gehen Sie mit Ihrer Aufmerksamkeit und Ihrem Atem in Ihr energetisches Herzzentrum in der Mitte der Brust. Fühlen Sie Ihr Herz (mit »Herz« ist hier immer Ihr energetisches Herzzentrum gemeint), atmen Sie mit dem Herzen.
4. Stellen Sie eine energetische Brücke von Ihrem Herzen zum Herzen des anderen her, am besten in Form eines Lichtstrahls. (Das Herzzentrum sendet Licht aus. Wenn es offen ist, strahlt es wie eine Sonne. Sensitive Menschen können dieses Licht wahrnehmen.)
5. Richten Sie nun Ihre Aufmerksamkeit auf das Herz des anderen, während Sie die Lichtbrücke weiter bestehen lassen. Nehmen Sie wahr, was Sie fühlen. Wenn die Brücke besteht, können Sie das fühlen, was der andere fühlt.
6. Versetzen Sie sich in die andere Person hinein. Fühlen Sie, wie es ist, diese/r andere zu sein. Betrachten Sie das Problem mit ihren/seinen Augen und erfassen Sie, wie es sich für sie/ihn anfühlt.
7. Beenden Sie diese Meditation, indem Sie wieder zu Ihrem eigenen Herzzentrum zurückkehren. Wenn Sie es wünschen, können Sie die andere Person in Ihr Herz aufnehmen und aus Ihrem Denken entlassen.
8. Nehmen Sie sich einen Augenblick Zeit, um das Erlebte auf sich wirken zu lassen und um zu überprüfen, ob sich Ihre Sicht der Angelegenheit durch die neue Perspektive bereichert hat.

Oder sind Sie schon einmal einer Persönlichkeit begegnet, die Ihnen ein tiefes Gefühl von Frieden, Liebe, Unschuld oder Heiterkeit vermittelte? Wenn Sie keinen derartigen Menschen kennen, so können Sie ihn sich doch vorstellen. Mit Sicherheit kennen Sie ähnliche Gestalten aus Erzählungen oder Büchern, vielleicht auch aus Träumen. Es können Weisheitslehrer sein, Heilige, Meister oder einfach kluge, weise, liebevolle und inspirierende Menschen.

Wenn man mit den Augen eines solchen Menschen schaut, sehen die Dinge anders aus. »Dem Heiligen ist alles heilig«, heißt es zum Beispiel. Tatsächlich sind wir in der Lage, mit den Augen eines solchen Menschen zu sehen.

Die Technik

1. Wählen Sie einen Menschen, dessen Augen Sie sich leihen möchten.
2. Begeben Sie sich in einen meditativen Zustand.
3. Setzen Sie das Wesen, das Sie gewählt haben, im Geist vor sich hin.
4. Tragen Sie ihm/ihr Ihr Problem vor.
5. Stellen Sie sich vor, wie dieser weise und inspirierende Mensch Ihnen zuhört, wie er Sie anschaut, wie seine Gegenwart und Ausstrahlung auf Sie wirkt.
6. Versetzen Sie sich in ihn oder sie hinein. Fühlen Sie deutlich, wie es ist, dieser Mensch zu sein. Fühlen Sie sein Herz, seine Stimmung. Wenden Sie sich als dieser andere Ihnen und Ihrem Problem zu. Erforschen Sie Ihr Problem mitfühlend und aufmerksam aus seiner Perspektive.

7. Wenn dieses Geschehen abgeschlossen ist, kehren Sie in Ihre eigene Perspektive zurück. Nehmen Sie sich Zeit, um die Stimmung und die Erkenntnisse des Erlebnisses in Ihrem Bewusstsein zu verankern, bevor Sie die Sitzung beenden.

Die kosmische Dimension

Ihr Problem ist nicht einfach Ihre Privatsache. Ihr Bewusstsein ist mit dem aller Menschen auf diesem Planeten verbunden. Sie sind ein Teil des Kosmos. Auch körperlich sind Sie mit dem ganzen Universum verwandt. Innerhalb des Bewusstseins gibt es keine Grenzen.

Nach neuester wissenschaftlicher Erkenntnis sind Sie nicht einfach ein Teil des Universums, das sich zum Ganzen so verhält wie ein Mosaiksteinchen zum Mosaik, sondern eher ein Teil eines gigantischen Hologramms, in dem, zumindest potenziell, das Ganze enthalten ist. Sie sind ein Teil des Ganzen, und Sie sind zugleich das Ganze, das sich in diesem Teil auf einzigartige Weise manifestiert und individualisiert.

Diese Sichtweise kann man die »kosmische Perspektive« nennen. Aus ihr heraus gesehen gibt es keine Privatprobleme. Vielmehr nehmen Sie (wie Pir Vilayat Khan es formulierte) an einem »kosmischen Schauspiel« teil. Sie erleben und interpretieren dieses Drama (oder diese Komödie) auf Ihre Weise. Wenn Sie kreativ und intelligent mit Ihrem Problem umgehen, wenn Sie neue Wege, Lösungen und Möglichkeiten entdecken, dann hat die kosmische Intelligenz durch Sie etwas Neues entdeckt. Im allgemeinen Bewusstsein ist eine Erkenntnis aufgekeimt, die anderen Menschen, welche ähnliche Probleme haben, möglicherweise von Nutzen sein kann – auf einem Weg, den wir mangels genauerer Kenntnis der Zusammenhänge »telepathisch« nennen können.

Wenn Sie ein Problem haben, dann versuchen Sie zu ergründen, welche allgemeinen oder archetypischen Themen hinter Ihrem Problem stecken. Vielleicht sind Sie auch stärker motiviert, eine gute Lösung zu finden, wenn Sie sich bewusst machen, wie Sie mit Ihrer persönlichen Problematik ins allgemeine Bewusstsein eingebettet sind.

Um welche Qualität geht es?

Jedes Problem ist eine Herausforderung. Es verlangt von uns, bestimmte Qualitäten zum Einsatz zu bringen. Qualitäten, die potenziell in uns vorhanden sind, sozusagen schlummernd. Um sie aus ihrem Schlummer zu wecken, brauchen wir Situationen, die von uns den Einsatz dieser Qualitäten verlangen: Probleme. Dies ist ein kreativer Ansatz, mit Problemen umzugehen. Er wird von dem Weisheitslehrer Pir Vilayat Khan gelehrt.

Wie aber findet man heraus, um welche Qualität es sich handelt? Und wie kann man ihre Entwicklung fördern? Pir Vilayat Khan empfahl, sich in meditativem Zustand drei Fragen zu stellen:

- Welche Qualität müsste ich entwickeln, um mit dem Problem besser umgehen zu können?
- Welche Qualität wird in der gegenwärtigen Phase meines Lebens offenbar immer wieder von mir gefordert?
- Welche Qualität besäße ich gern – unabhängig von meinen Problemen?

Bei tiefer Betrachtung dieser Fragen kommt man auf drei oder zwei verschiedene Qualitäten oder stößt immer wieder auf dieselbe. Wie auch immer: Jede Qualität, die man dabei findet, enthält einen – möglicherweise *den* – Schlüssel zur Bewältigung des betreffenden Problems.

Ein Beispiel:

Eine junge Frau hat Probleme mit ihrem Chef. Der Chef ist sehr autoritär und setzt die Frau in der Arbeit zu sehr unter Druck. Obwohl sie oft – zu Recht, wie sich meist herausstellt – anderer Meinung ist als er, ist sie nicht in der Lage, sich so zu äußern, dass der Chef ihre Meinung wenigstens zur Kenntnis nimmt und prüft. Er fegt ihre Einwände einfach vom Tisch.

Bei oberflächlicher Betrachtung würde man auf die Frage, welche Qualität die Frau entwickeln müsste, um sich besser durchzusetzen, auf Macht, Autorität oder Selbstbewusstsein tippen.

Bei kontemplativer Betrachtung dieser Frage stößt die junge Frau jedoch zuerst auf die Qualität Mitgefühl. Sie stellt sich vor, wie Mitgefühl die Lage verändern würde, und findet heraus, dass sie sich tatsächlich besser äußern könnte, wenn sie ihrem Chef Mitgefühl (nicht herablassendes Mitleid!) entgegenbringen würde. Sie versucht zu fühlen, wie er sich fühlt, und bekommt einen Eindruck von seinen Sorgen, Ängsten und Schwierigkeiten. Sie ist besser in der Lage, sein Verhalten zu verstehen und zu akzeptieren, und verliert ihre Angst vor ihm. Durch diese Einstellung kann sie für ihn zu einer gleichwertigen Geschäftspartnerin werden und sich so äußern, dass er sie versteht. Vorher hatten ihre Angst und ihre unterdrückte Feindseligkeit das unmöglich gemacht.

Als sie in der zweiten Phase dieser Übung noch mehr Abstand nimmt und ihre derzeitige Lebensphase im Ganzen untersucht, stößt sie auf andere Situationen, die ähnlich gelagert sind. Bei der Suche nach derjenigen Qualität, die all diese Situationen in ihr herauszufordern scheinen, stößt sie auf »Macht«, jene gesunde Eigenmacht, die Worte und Handlungen Kraft und Nachdruck verleiht. Sie setzt Macht mit Mitgefühl in Beziehung. Dabei wird ihr klar, dass sie, wenn sie Mitgefühl entwickelt, gleichzeitig an Eigenmacht gewinnt. Sie beschließt, beide Qualitäten in sich zu fördern.

Durch diese Doppelgleisigkeit entsteht überdies eine gesunde Balance. Wer sich nur auf Macht konzentriert, wird leicht rücksichtslos und hartherzig. Wer sich nur auf Mitgefühl konzentriert, wird möglicherweise weich und manipulierbar. Das eine ergänzt das andere – beides zugleich zu üben, hält die Psyche in Balance.

Als sie schließlich in der dritten Phase ihr Problem weit hinter sich lässt, sich von den Umständen und Einengungen ihres Lebens völlig löst und zu einem Gefühl von Freiheit findet, fragt sie sich, welche Qualität sie am liebsten besäße, ganz gleich, wie auch immer die Probleme in ihrem Leben geartet sein mögen. Es taucht ein Bild von strahlender Lebensfreude vor ihr auf. Sie sieht sich tanzen, Purzelbäume schlagen, hüpfen und singen. Da weiß sie, wonach sie sich die ganze Zeit gesehnt hat. Das Zauberwort ist Freude – Lebensfreude. Durch dieses Erlebnis in ihrer Kontemplation entdeckt sie auch, dass Freude ein Zustand ist, der keines äußeren Anlasses bedarf. Es ist ein Zustand, in den sie eintauchen kann, ganz gleich, wie die äußeren Umstände gerade sein mögen. Damit hat sie gleichzeitig ein Stück Freiheit und Unabhängigkeit gefunden. (Jede Qualität, die wir entwickeln, macht uns freier.)

Sie kehrt dann in Gedanken zu ihrer Problemsituation zurück und untersucht, ob die Qualität »Freude« vielleicht ein noch besserer Schlüssel für ihr Problem ist als die beiden zuvor gefundenen Eigenschaften. Sie stellt sich vor, bei der Arbeit und im Umgang mit Chef und Kollegen voller Schwung, Optimismus und Lebensfreude zu sein. Tatsächlich sieht sie, dass die Situation sich dadurch verändern würde. Die Unzulänglichkeiten des Chefs fallen weniger ins Gewicht, sein autoritäres Gehabe schüchtert sie weniger ein, und es ist ihr weniger wichtig, recht zu haben. Darüber hinaus entdeckt sie, dass es ihr, wenn sie voller Lebensfreude ist, leichter fällt, mitfühlend und tolerant zu sein; und obendrein entdeckt sie ein Gefühl von Macht und Kraft in sich.

So enthält also diejenige Qualität, die sie in aller Freiheit, losgelöst von ihren Problemen, gewählt hat, den Schlüssel für ihre gesamte Situation.

Die Qualität fördern

Nehmen wir an, Sie haben eine oder mehrere Qualitäten herausgefunden, an denen Sie arbeiten möchten. Wie fördern Sie ihre Entwicklung?

Das geht am besten, indem Sie einen Menschen betrachten, der diese Qualität besitzt. Genau aus diesem Grund fühlen wir uns manchmal zu bestimmten Menschen hingezogen.

In der Meditation können wir uns einen solchen Menschen vorstellen und uns in ihn hineinversetzen. Das ist eine sehr wirkungsvolle Methode. Am besten wählen Sie eine Person aus, die in Ihren Augen diese Qualität in idealer Weise verwirklicht hat. Es spielt dabei keine Rolle, ob Sie diesen Menschen persönlich kennen oder nicht, ob er noch lebt oder bereits gestorben ist.

Wählen Sie möglichst reine Verkörperungen der betreffenden Qualität. Wenn Sie beispielsweise mit Macht arbeiten, ist Mahatma Gandhi sicher ein besseres Vorbild als Adolf Hitler oder Napoleon. Ein Mensch, der innere Macht besitzt, braucht sich nichts Äußeres anzueignen und niemand anderen zu unterdrücken, um sich mächtig zu fühlen. Sie können große Vorbilder wie Jesus oder Buddha wählen, aber auch völlig unbekannte Personen, die in Ihren Augen die gewünschte Qualität in hohem Maße besitzen und auch in ihrem Handeln manifestieren – Ihre Großmutter, Ihr Nachbar, ein kleines Kind. Es eignen sich sogar Figuren, die nie real existiert haben, sondern der schöpferischen Vorstellung eines Autors oder Ihres eigenen Geistes entsprungen sind.

Ein weiteres wichtiges Element ist die Stimmung. Versuchen Sie einmal – jetzt gleich –, sich die Stimmung zu vergegenwärtigen, die mit Mitgefühl verbunden ist. Tauchen Sie in die

Stimmung von Macht ein, von Großzügigkeit, von Aufrichtigkeit, von Friedfertigkeit. Sie sehen: Es ist möglich, sich eine solche Stimmung sozusagen auf Befehl zu vergegenwärtigen.

Wesentlich leichter und wirkungsvoller ist das in meditativem Zustand zu erreichen. Dabei ist es hilfreich, mit Bildern zu arbeiten: mit Landschaften der Psyche, die vor Ihrem inneren Auge auftauchen, wenn Sie sich in eine bestimmte Qualität vertiefen. Vielleicht taucht ein Bergsee im Abendlicht vor Ihnen auf, wenn Sie Frieden kontemplieren, um nur ein Beispiel zu nennen. Diese Landschaften müssen keine realen irdischen Landschaften sein; sie können auch surrealistische Züge haben (wie etwa Landschaften aus Licht). Es können auch abstrakte und symbolische Bilder erscheinen, wenn Sie eine Qualität erforschen. Vielleicht sehen Sie ein kleines Kind oder einen jungen Hund in einer Wiese herumtollen, wenn Sie an Lebensfreude denken.

Auch Musik hilft, in die Stimmung von Qualität einzutauchen. Sehr hohe Stimmung wie Heiligkeit und Reinheit finden Sie in manchen geistlichen Chorwerken zum Beispiel von Thomas Tallis oder Gregorio Allegri, in gregorianischen Gesängen, in Sergej Rachmaninows »Vesper«. Johann Sebastian Bachs »h-Moll-Messe« führt Sie durch die verschiedensten Stimmungsstadien zwischen Leid und Jubel. Der Schluss von Ludwig van Beethovens »Neunter Sinfonie« ist ein Durchbruch einer heldenhaften Qualität und einer gewaltigen überpersönlichen Freude, etc. Wenn Sie ein Musikstück gewählt haben, das für Sie diejenige Qualität repräsentiert, mit der Sie arbeiten möchten, dann hören Sie es sich ganz an.

Tauchen Sie völlig in die Musik ein, ohne sich nebenbei mit etwas anderem zu beschäftigen, am besten über einen guten Kopfhörer und mit geschlossenen Augen. Lassen Sie Ihr ganzes Wesen und Ihren Körper von der Musik durchdringen. Wenn Sie anschließend die nun folgenden Kontemplationen beginnen, sind Sie bereits in der richtigen Stimmung.

Die Technik

1. Begeben Sie sich in einen meditativen Zustand.
2. Vergegenwärtigen Sie sich die Qualität, mit der Sie arbeiten möchten. Vertiefen Sie sich in die Betrachtung dieser Qualität und der mit ihr verbundenen Stimmung. Machen Sie sich bewusst, dass diese Qualität/Stimmung in ihrem reinen Zustand eine archetypische Realität ist. Sie existiert in Ihrer Psyche, ganz gleich, ob Sie ihr in Ihrer Persönlichkeit und in Ihrem Handeln bereits Gestalt verliehen haben oder nicht.
3. Lassen Sie vor Ihrem geistigen Auge ein Bild entstehen, das diese Qualität und Stimmung verkörpert. Wenn es eine Landschaft oder eine Situation ist, begeben Sie sich ganz in diese Landschaft oder Situation hinein. Genießen Sie ihre Stimmung. Bewegen Sie sich darin.
4. Stellen Sie sich einen Menschen vor, der die betreffende Qualität in hohem Maße entwickelt hat. Setzen oder stellen Sie diesen Menschen im Geist vor sich hin. Fühlen Sie seine oder ihre Ausstrahlung.

   Versetzen Sie sich dann in ihn oder sie hinein. Stellen Sie sich vor, dieses Wesen zu sein. Fühlen Sie, wie es ist, von dieser Qualität und Stimmung durchdrungen zu sein, so wie dieser andere es ist.
5. Erinnern Sie sich nun an das Problem, mit dem Sie zu tun haben. Sehen Sie sich im vollen Besitz der gewünschten Qualität – am besten, indem Sie weiterhin eins mit dem Vorbild bleiben. Wie würden Sie sich in der Situation ver-

halten, wenn Sie so wären? Wie würden Sie sich fühlen, sich bewegen, sprechen, denken, aussehen? Ihre Haltung und Ihr Gesichtsausdruck verändern sich, wenn Sie sich dies sehr lebhaft vorstellen.

Beobachten Sie weiter: Wie würden Ihre Mitmenschen auf Sie reagieren? Wie verändert sich Ihre Sicht der Probleme? Wie würde die Situation selbst sich verändern?

6. Verankern Sie diesen Eindruck und die Stimmung der Qualität, um die es geht, gut in Ihrem Bewusstsein, bevor Sie die Sitzung beenden.
7. Arbeiten Sie von nun an täglich mit dieser Qualität, indem Sie diese Kontemplation wiederholen (am besten morgens und abends). Allerdings nicht mehr unbedingt in aller Ausführlichkeit. Für die tägliche Praxis reicht es aus, sich Bild, Stimmung und Vorbild kurz zu vergegenwärtigen und sich dann vorzustellen, wie der folgende Tag ablaufen würde, wenn man von dieser Qualität und Stimmung durchdrungen wäre.
8. Wenn Widerstände auftauchen, dann öffnen Sie Ihr Herz dafür. Arbeiten Sie nicht weiter daran herum. Gehen Sie Ihren Beschäftigungen nach, ohne zu erwarten, dass Sie sich sofort drastisch verändern. Oft treten Veränderungen auf, ohne dass wir selbst es wahrnehmen. Irgendwann, wenn wir zurückschauen, merken wir plötzlich, dass sich ein Problem verflüchtigt, eine Qualität entwickelt hat.

   Üben Sie mit dieser Qualität, solange Sie das Bedürfnis danach verspüren. Wählen Sie danach eine andere Qualität (bitte nur im Zustand der Meditation! Oberflächliches Vorgehen kann schaden), oder lassen Sie die Arbeit mit Qualität eine Zeit lang ruhen.

Teil IV: Meditationen zu konkreten Problemen

Eine Empfehlung

Dieser Teil enthält kontemplative Techniken und Arten von Meditation, die Ihnen helfen können, bestimmte konkrete Lebensthemen anzugehen. Sie lassen sich sinngemäß natürlich auf ähnlich geartete Themen übertragen.

Erster Schritt zur Klärung eines Problems, welcher Art auch immer, sollte immer die im vorigen Kapitel geschilderte körperzentrierte Herzensarbeit sein.

Bei allen weiteren Meditationstechniken heißt es fast immer am Anfang »Begeben Sie sich in einen meditativen Zustand«. Damit ist die meditative Einstimmung gemeint, die im II. Teil dieses Buches geschildert ist.

Meine Empfehlung deshalb zum Umgang mit den folgenden Kapiteln:

1. Klären Sie die beteiligten Emotionen, und öffnen Sie Ihr Herz (körperzentrierte Herzensarbeit).
2. Begeben Sie sich in einen meditativen Zustand (das ist nicht nötig, wenn Sie gleich im Anschluss an die körperzentrierte Herzensarbeit weiter meditieren).
3. Führen Sie die im folgenden Teil angegebene Technik durch.

4. Der letzte Schritt ist immer das Verweilen in der Stille, die eigentliche Meditation, zu der alles andere nur Vorbereitung ist. Hier geben Sie Raum dafür, dass tiefe Einsichten und Regungen, die Ihr Herz bewegen, aus der Tiefe Ihres Wesens aufsteigen und Wandlungen bewirken können. Dies ist der Augenblick, in dem Sie Ihrem innersten Wesen oder Gott das Feld überlassen.

So treffen Sie die richtige Entscheidung

Man muss immer den Weg mit Herz finden, um es richtig zu machen …
Unser Tod wartet, und gerade die Handlung, die wir jetzt tun,
kann unsere letzte Tat auf Erden sein.
Carlos Castaneda

Die Zen-Lehrerin Charlotte Joko Beck sagt, dass, während wir uns den Kopf zerbrechen, die Entscheidung schon längst getroffen ist. Wir sind uns ihrer nur noch nicht bewusst. Jüngere wissenschaftliche Forschungsergebnisse weisen ebenfalls darauf hin, dass es so ist. Die Entscheidungen, so haben Forscher herausgefunden, werden zu fast 100 Prozent vom Unterbewusstsein getroffen, und all unsere klugen Überlegungen und Abwägungen ändern daran nichts.

Wenn das so ist, warum strampeln wir uns so ab, die richtige Entscheidung zu finden? Im Grunde bräuchten wir nur darauf zu achten, welche Entscheidung im Inneren bereits getroffen ist. Es gibt ein Gefühl dafür.

Die interessante Frage ist natürlich, ob es denn der richtige Weg ist, der Entscheidung, die das Unterbewusstsein ohnehin schon getroffen hat, zu folgen. Ob es nicht einen besseren Weg gibt. Und schließlich: Ob es überhaupt richtige und falsche Entscheidungen gibt. Ob es nicht letztlich gleichgültig ist, wie wir entscheiden – solange wir überhaupt entscheiden. Schließlich kommt es in diesem Leben nicht so sehr darauf an, alles richtig zu machen, sondern darauf, zu leben, und zwar auf unsere eigene Art!

All dies sind Fragen, die Sie zum Gegenstand einer ausführlichen Kontemplation machen können, wenn sie Sie interessieren. Das bedeutet:

Stellen Sie die Frage einfach, ohne sie zu beantworten, und

betrachten Sie alles, was daraufhin in Ihrem Kopf auftaucht, ohne es zu bewerten.

Betrachten Sie es nur. Spekulationen, Überlegungen, logische Erwägungen, gefühlsmäßige Eindrücke, inneres Wissen ... was auch immer auftaucht, betrachten Sie es. Wiederholen Sie die Frage dann, ohne sie zu beantworten. Wenn diese Frage Ihr Herz bewegt, dann wird Ihr inneres Wissen auftauchen und Ihnen die Antwort geben.

Wenn Sie mich fragen würden, wie Sie in einer Angelegenheit »die richtige Entscheidung« finden können, würde ich Sie fragen, in welchem Sinne die Entscheidung »richtig« sein soll. Denn letztendlich gibt es kein »richtig« und kein »falsch«. Das sind Unterscheidungen, die wir aus der begrenzten Perspektive unseres Verstandes heraus treffen, die in der Realität jedoch offenbar keine Bedeutung haben. Es gibt einfach Entscheidungen, also Wahlmöglichkeiten. Welche Wahl Sie auch treffen, es gibt immer etwas zu erleben, zu lernen, es gibt immer Wachstumschancen darin und Möglichkeiten für neue Erfahrungen und neue Gefühle. In welchem Sinne also soll Ihre Entscheidung »richtig« sein? Darüber sollten Sie als Erstes nachdenken, wenn Sie überlegen, welches die richtige Entscheidung ist.

Sie könnten beispielsweise herausfinden, dass eine richtige Entscheidung für Sie diejenige Entscheidung ist,

- bei der Sie sich am wohlsten fühlen.
- bei der den Menschen, mit denen Sie zu tun haben, oder Ihrer Ehe, Ihrer Firma, oder sonst einer Gruppierung oder Person am besten gedient ist.
- die Ihre Entwicklung/Heilung/Erleuchtung/Ihr berufliches oder finanzielles Vorankommen oder was auch immer am besten fördert.

- die Ihrer inneren Wahrheit (Ihrem Herzen) entspricht.
- die sich mit Ihren ethischen oder religiösen Prinzipien verträgt.
- die Ihren höchsten Werten oder Idealen am besten dienen soll.
- die der »Wille Gottes« ist.

Stellen Sie sich vor, Sie sollen aus einer Reihe verschiedenfarbiger Murmeln eine für sich aussuchen. Welches ist die Richtige? Es gibt keine richtige. Die grüne ist grün, die rote ist rot, welche soll richtiger sein als eine andere? Um Ihre Wahl zu treffen, müssen Sie entscheiden, was Ihnen dabei wichtig ist: In welchem Sinne soll die Farbe die richtige sein? Soll sie die sein, die am besten zu bestimmten anderen Gegenständen paßt? Oder die, die Ihnen in Ihrer Sammlung noch fehlt? Oder die, die Ihnen ganz einfach am besten gefällt? Oder soll es eine Farbe sein, die Ihnen im gesundheitlichen Sinne gut tut?

Was bedeutet »richtig« für Sie? In welchem Sinn soll Ihre Entscheidung die richtige sein? Klären Sie das und formulieren Sie es, so ehrlich und deutlich Sie können, bevor Sie herausfinden, welches die richtige Entscheidung ist.

Als Nächstes müssen Sie sich über Ihre Gefühle klar werden. Ganz gleich, um welche Art von Entscheidung es geht, Gefühle sind immer im Spiel: Ängste, Hoffnungen, Unsicherheit, Zweifel, Freude, Unwohlsein, etc.

Deshalb empfehle ich Ihnen als ersten Schritt zur Entscheidungsfindung, wie bei allen anderen Problemen auch, die körperzentrierte Herzensarbeit. Das Vorgehen:

1. Denken Sie an die Gesamtsituation, die nach einer Entscheidung verlangt, und vergegenwärtigen Sie sich mit der Technik der körperzentrierten Herzensarbeit die Gefühle, die Sie in Bezug auf die Gesamtsituation hegen.
2. Stellen Sie sich Entscheidungsmöglichkeit A vor. Stellen Sie sich vor, Sie hätten sich bereits für A entschieden und befänden sich bereits in der betreffenden Situation. Wie fühlen Sie sich? Achten Sie auf Ihren Körper. Öffnen Sie Ihr Herz für alle mit A verbundenen Gefühle.
3. Klären Sie auf die gleiche Weise die Gefühle, die Sie für die anderen Entscheidungsmöglichkeiten hegen.

Auf diese Weise befreien Sie Ihr Denken von den unbewussten Emotionen, die es steuern und Ihnen die klare Sicht unmöglich machen. Möglicherweise ist dieser emotionale Klärungsprozess das Einzige, was notwendig war, damit Ihre Entscheidung klar und deutlich vor Ihnen steht. In diesem Fall sollten Sie als letzten Schritt noch prüfen:

4. Sind Sie in der Lage, diesen Schritt tatsächlich zu tun? Oder gibt es noch ein Hindernis? Eine Angst? Wovor? Klären Sie auch diese Gefühle mit der Technik der körperzentrierten Herzensarbeit.

Sollte die Klärung der Emotionen allein nicht ausreichen, um Ihnen zu einer Entscheidung zu verhelfen, gibt es weitere Möglichkeiten.

Kontemplieren Sie: Wem oder was soll Ihre Entscheidung dienen? Dies ist eine Fortführung des grundsätzlichen Klärungsprozesses, den ich anhand der Murmeln weiter vorn in diesem Kapitel erläutert habe. Was ist Ihnen wichtig? Was hat

Priorität in Ihrem Leben? Erinnern Sie sich zuerst an Ihre grundsätzlichen Bestrebungen und Werte. Vielleicht treffen Sie dann die Entscheidung, bei der Sie diesen Ihren Idealen am besten dienen können. Mit Sicherheit ist das eine Entscheidung, die Ihnen Erfüllung bringt. Achten Sie dabei auf Ängste und Widerstände. Unterdrücken Sie sie nicht, sondern fühlen Sie sie bewusst, und prüfen Sie, was sie von Ihrem Herzen brauchen (körperzentrierte Herzensarbeit).

Oft kommt es vor, dass man zwischen zwei Möglichkeiten zu wählen hat und unfähig ist, sich für eine zu entscheiden. Lieber A oder lieber B? Oder vielleicht doch lieber A?

Man hat die Freiheit der Wahl. Denkt man. Wer jedoch glaubt, nur zwischen A und B entscheiden zu können, ist nicht frei. Er ist von A und B hypnotisiert und übersieht dabei seine Freiheit, sich ganz grundsätzlich neu zu entscheiden – für A oder B, C, Y, Z, für ABC oder etwas ganz anderes.

Ein Beispiel:
Eine verheiratete Frau verliebt sich in einen anderen Mann, und zwar so heftig, dass sie glaubt, ihre Ehe aufgeben zu müssen. Sie ist aufgrund moralischer Skrupel nicht in der Lage, neben der Ehe heimlich eine Affäre zu haben. Sie steckt in einer Zwickmühle: Soll sie in der Ehe bleiben (sie liebt ihren Mann und glaubt an den Sinn der Ehe) oder zu dem neuen Mann ziehen (was dieser sich wünscht)?

Tatsächlich stehen ihr weitaus mehr Möglichkeiten offen als nur »Leben mit A« oder »Leben mit B«:

- Sie kann auch alleine leben und die Beziehung zu dem Geliebten weiterführen, die mit dem Ehemann aber vorläufig oder endgültig beenden.
- Sie kann alleine leben und erst einmal zu sich kommen,

bevor sie die Beziehungsfrage erneut und mit Abstand betrachtet.

- Sie kann verreisen und beide Männer weit hinter sich lassen – um Klarheit zu gewinnen, um zu sich zu kommen oder um sich, wer weiß, in einen Dritten zu verlieben.
- Sie kann mit dem neuen Mann verreisen, um die Beziehung zu testen.
- Sie kann mit dem Ehemann verreisen, um die Ehe aufzufrischen oder um die Probleme dieser Ehe im Angesicht der neuen Situation (sie hat ihm gebeichtet) gemeinsam anzugehen.

Es gibt viele Möglichkeiten. Vor allem aber muss sie ihre Freiheit entdecken. Sie muss Zeit und Raum für sich gewinnen, großen Abstand nehmen von den Verwicklungen ihres augenblicklichen Lebens, zu sich kommen, sich entspannen und sich dann – völlig unabhängig von den herrschenden Gegebenheiten – ganz grundsätzlich fragen:

- Wie möchte ich überhaupt leben? In einer festen Beziehung mit oder ohne gemeinsame Wohnung? Wenn ja, mit wem? Mit A oder B? Oder sehne ich mich insgeheim nach einer ganz anderen Lebensform, zum Beispiel in einer Wohngemeinschaft mit Freunden oder mit einer Freundin? Oder möchte ich alleine leben? Oder am liebsten mit A *und* B? Oder sehne ich mich, wenn ich ganz ehrlich bin, eigentlich nach einer Beziehung mit jemand ganz anderem, jemandem, der andere Qualitäten hat, als A und als B?
- Welche Qualitäten fordert die Aufrechterhaltung und Wiederbelebung der Beziehung mit A in mir heraus? Welche Qualitäten muss ich entwickeln, wenn ich zu B gehe? Oder wenn ich eine der anderen Möglichkeiten wähle?

- Zu welchem Zweck habe ich überhaupt diese Situation herbeigeführt? Wollte ich mir einfach durch eine Affäre die Zuwendung, Zärtlichkeit und Bewunderung verschaffen, die mir mein Mann versagte? Warum habe ich ihm dann gebeichtet? Wollte ich meinen Mann auf den von mir erlittenen Mangel an Zuwendung hinweisen? Wollte ich die Ehe beibehalten, meinen Mann aber für seine Lieblosigkeit bestrafen? Oder wollte ich auf diese Weise die Ehe beenden, weil ich allein nicht den Mut hatte, die Trennung herbeizuführen? Habe ich den neuen Mann nur für einen dieser Zwecke benutzt?

All dies sind Fragen, die helfen können, eine Verwicklung dieser Art von Grund auf zu klären. Aber Vorsicht – eine solche Selbsterforschung kann nur Erfolg haben, wenn folgende Voraussetzungen gegeben sind:

- ein entspannter, wacher und konzentrierter Zustand.
- Losgelöstheit und Abstand von der Situation.
- völliger Verzicht auf Urteile.

Es geht bei der Motivforschung (»Was bezwecke ich eigentlich?«) nicht darum, »gute« und »schlechte« Motive aufzudecken und sich Noten zu geben. Es geht darum, die Wahrheit herauszufinden.

Sie können die Wahrheit unmöglich finden, wenn Sie die Bewertungsbrille aufhaben. Ein Motiv ist ein Motiv, ganz gleich, wie Sie es finden. Dadurch, dass Sie es schlecht finden, verändert es sich nicht, aber die Wahrscheinlichkeit ist groß, dass es sich dann versteckt und sich weigert, Ihnen bewusst zu werden. Motive aber, die man vor sich selbst verbirgt, sind große Unheilstifter. Deshalb nehmen Sie bitte sich selbst gegenüber eine wohlwollende, neugierige und aufmerksame

Haltung ein, wenn Sie den Dingen auf den Grund gehen wollen. Übrigens ist jedes Motiv, wenn Sie es aufmerksam betrachten, letztlich unschuldig. Sogar wenn Sie herausfinden, dass Sie mit Ihrem Verhalten jemanden verletzen möchten: Gehen Sie der Frage auf den Grund, warum Sie das wünschen, und Sie finden etwas ganz Unschuldiges dahinter. Vielleicht haben Sie viel Liebe gegeben und sind enttäuscht worden. Vielleicht hat man Sie verletzt, und Sie konnten Ihrer Wut und Ihrem Schmerz nie geeigneten Ausdruck geben etc.

So finden Sie Ihre Freiheit

Um zunächst einmal aus dem A- oder B-Dilemma herauszukommen und Freiheit zu finden, können Sie die folgende Technik anwenden.

Die Technik

1. Begeben Sie sich in einen meditativen Zustand
2. Vergegenwärtigen Sie sich das Ziel der Übung (Zum Beispiel: »Ich möchte in einen Zustand eintauchen, in dem ich völlig losgelöst bin vom Zwang der äußeren Umstände und einen Überblick über alle geeigneten Entscheidungsmöglichkeiten bekomme.«). Wer religiös ist, kann die Formulierung in ein Gebet umsetzen.
3. Nehmen Sie einen erhöhten Standpunkt ein. Fliegen, schweben, wandern oder klettern Sie in Ihrer Vorstellung in die Höhe. Gehen Sie in Ihren Gedanken in die Berge, erklimmen Sie einen Gipfel, steigen Sie mit Hubschrauber, Ballon, Rakete oder auf eigenen Flügeln in die Höhe.

Wichtig: Erleben Sie den Höhenflug, kosten Sie ihn aus, spüren Sie, wie der Abstand zur Ebene des Alltagslebens immer größer wird. Nicht zurückschauen. Die Freiheit genießen. Überlassen Sie sich dem Rausch der Höhe. Fühlen Sie, wie das Leben, das Sie in der Tiefe hinter sich zurücklassen, immer mehr an Bedeutung verliert. Wie konnte man sich nur derart hypnotisieren und einsperren lassen? Wenn ein Gedanke wie dieser in Ihnen aufsteigt, sind Sie dabei, die Freiheit Ihres wahren Wesens zu entdecken und bereit, den nächsten Schritt zu tun.

4. Wenden Sie sich, ohne Ihre große Höhe und das Gefühl der Freiheit aufzugeben, den – von hier oben gesehen ziemlich unbedeutenden – Verwicklungen Ihres Lebens zu. Versuchen Sie, ein Bild von Ihrer Lage zu bekommen. Es kann ein visueller, gefühlsmäßiger oder gedanklicher Eindruck sein, das spielt keine Rolle. Stellen Sie sich auf die Situation ein, schauen Sie aus größerer Höhe auf sie herunter, und beobachten Sie, welcher Eindruck auftaucht.
5. Nehmen Sie diesen Eindruck genau wahr. Versuchen Sie, die Vielfalt der Möglichkeiten zu erkennen, die das Leben für Sie bereithält. Nicht, indem Sie darüber nachdenken, sondern indem Sie hinschauen und beobachten, was geschieht. Seien Sie sich der Tatsache bewusst, dass dies einer der kostbarsten Augenblicke Ihres Lebens ist: einer jener Momente, in denen Sie frei sind, eine Entscheidung zu treffen, die Ihrem Leben eine neue Richtung gibt. Welch ein Abenteuer!
6. Kehren Sie langsam (!) in Ihr Alltagsbewusstsein zurück, ohne das Gefühl von Freiheit aus den Augen zu verlieren.

7. Wenn möglich, gestatten Sie sich eine Pause von ein paar Tagen (oder wenigstens Stunden), um die Dinge in der Schwebe zu lassen und dabei das Bewusstsein Ihrer grundsätzlichen Freiheit aufrechtzuerhalten, bevor Sie sich der Frage der richtigen Entscheidung zuwenden.

Welche Qualität würden Sie entwickeln?

Jede Beziehung mit einem Menschen, jeder berufliche Weg, jede eingegangene Verpflichtung fordert uns heraus, ganz bestimmte Qualitäten zu entwickeln. Das eine Mal geht es um Konsequenz, Durchhaltevermögen oder Standhaftigkeit, ein anderes Mal um Nachgiebigkeit, Toleranz und Großmut, dann wieder um Autorität oder Bescheidenheit. Oder es geht darum, Selbstbeherrschung zu entwickeln – oder Hingabe und Spontaneität. Es kann sich um Friedfertigkeit handeln oder um Freiheit und Unabhängigkeit, um Mut oder Gelassenheit, um Macht, Geschicklichkeit, Einsicht, Lebensfreude, Mitgefühl, Verständnis, Respekt, Liebe etc. All dies sind Qualitäten, die wir in den verschiedenen Etappen unseres Lebens entwickeln. Das, was uns den Anstoß gibt, sie zu entwickeln, sind Begegnungen mit anderen Menschen und Situationen, die uns herausfordern.

Stellen Sie fest, welche Qualitäten von Ihnen gefordert sind, wenn Sie Weg A beziehungsweise Weg B (oder C und so weiter) gehen. Wenn ich A wähle, welche Qualitäten würde ich dann entwickeln? Und bei B? Bei C? Vielleicht ist A der bequemste Weg, aber in einer hoch gestimmten Gemütsverfassung sehe ich, dass ich bei B wichtige Qualitäten entwickeln würde.

Die Technik

1. Begeben Sie sich in einen meditativen Zustand.
2. Vergegenwärtigen Sie sich, worum es bei der folgenden Kontemplation geht. (Nur zum Beispiel: Ich möchte herausfinden, welche Qualitäten ich entwickeln würde, wenn ich Möglichkeit A, B und C wähle.)
3. Lösen Sie sich von Ihren Gedanken. Beobachten Sie, wie Ihr Atem die Bauchdecke hebt und senkt. Folgen Sie jedem einzelnen Atemzug, während Ihre Gedanken langsam zur Ruhe kommen.
4. Gehen Sie mit Ihrer Aufmerksamkeit in Ihr energetisches Herzzentrum, das genau in der Mitte der Brust liegt. Verweilen Sie dort einen Augenblick.
5. Vergegenwärtigen Sie sich Ihren Idealismus und Ihre Begeisterungsfähigkeit. Beispielsweise, indem Sie sich an Ihre großen Jugendträume erinnern. Wollten Sie ein Held (oder eine Heldin) werden? Oder ein Retter der Menschheit? Oder sonst etwas Besonderes und Wunderbares? Oder erinnern Sie sich an die Begegnung mit einem Menschen, der Sie zum Guten, zum Allerbesten inspiriert. Stellen Sie sich möglichst genau vor, wie Sie als wunderbarer Mensch wären – ein wunderbarer Mensch nach Ihrem eigenen Geschmack. Phantasieren Sie, imaginieren Sie, träumen Sie Ihr eigenes Ideal.
6. Erst wenn Sehnsucht, Freude und Begeisterung durch diese Betrachtung in Ihnen geweckt sind, dann wenden Sie sich dem nächsten Schritt zu: Stellen Sie sich vor, Sie würden sich für A entscheiden. Welche von den herrlichen Qualitäten, die in Ihnen schlummern und nach denen Sie

sich sehnen, würden Sie auf dem Weg A entwickeln können? Betrachten Sie dann auf die gleiche Weise B und weitere Möglichkeiten. Welche Wahl weckt aus dieser Perspektive Freude und neuen Mut? Achtung: Es geht nicht darum, die Antworten zu erdenken, sondern sie im Bewusstsein aufsteigen zu lassen. Die Antwort ist das, was sich von selbst einstellt.

7. Prägen Sie sich diese Wahl und das positive Gefühl, das Sie dabei empfunden haben, tief ein, bevor Sie wieder in Ihr Alltagsbewusstsein zurückkehren. Nur wenn Sie die Stimmung dieses hohen Bewusstseinszustands mitten in konkreten Alltagssituationen wieder heraufbeschwören können, werden Sie in der Lage sein, auch in schwierigen Situationen zu dieser Entscheidung zu stehen und ihre Konsequenzen zu tragen.

So finden Sie heraus, was Sie sich wirklich wünschen

Oftmals liegt bei Zwickmühlen die Schwierigkeit darin, dass man nicht klar erkennen kann, was man sich selbst wirklich wünscht. Man ist zu sehr beeinflusst von den Wünschen, Forderungen oder Meinungen (seien sie real oder eingebildet) der Mitmenschen. Man hegt zu viele einengende Moralvorstellungen. Man hat Angst, Schuldgefühle und dergleichen mehr.

Die Technik des »inneren Raumes«

Die Technik des »inneren Raumes« hilft Ihnen herauszufinden, welches Ihre eigenen tiefen Wünsche sind, die nicht von den Belangen anderer oder den äußeren Umständen abhängen.

Technik A

1. Begeben Sie sich in einen meditativen Zustand.
2. Vergegenwärtigen Sie sich das Ziel der Übung. Sie möchten innere Freiheit finden, um Ihre eigenen Wünsche zu entdecken.
3. Lösen Sie Ihre Aufmerksamkeit von Ihrem Problem, und beobachten Sie, wie die Bauchdecke sich mit jedem Atemzug hebt und senkt.
4. Heben Sie Ihre Aufmerksamkeit in die Körpermitte (Solarplexusbereich). Ziehen Sie Ihre Aufmerksamkeit ganz und gar in Ihrer Körpermitte zusammen, bis Sie das Gefühl haben, ganz und gar bei sich zu sein und in Ihrer Mitte zu ruhen.
5. Stellen Sie sich vor, dass es dort in Ihrem Inneren einen Raum gibt, der nur Ihnen gehört. Ein heiliges Territorium, zu dem niemand Zutritt hat außer Ihnen selbst. Wirklich niemand! Auch kein innerer Moralapostel oder die Vorstellung eines Gottes, der jemand anders ist als Sie und Ihnen Vorschriften macht. Nein, in diesem Ihrem Allerheiligsten sind Sie völlig allein und unbeobachtet. Ziehen Sie sich so lange in Ihre Mitte zurück, bis Sie sich wirklich allein und unbeobachtet fühlen. Vielleicht schickt Ihnen Ihr Unterbewusstsein auch das symbolische Bild eines solchen Raumes (was aber nicht der Fall sein muss).

6. Fragen Sie sich nun, welche Entscheidung Sie treffen würden, wenn Sie ganz frei wären und es nur nach Ihnen ginge, nach Ihren tiefsten Wünschen.
   Wenn die Antwort in Ihrem Bewusstsein aufgestiegen ist, nehmen Sie sie gründlich in sich auf. Stellen Sie sie nicht in Frage, überprüfen Sie sie nicht auf Realisierbarkeit, bezweifeln Sie sie nicht. Hier ist heiliges Territorium. Hier spricht nur das innerste Selbst. Der zweifelnde Verstand hat zu schweigen.
7. Seien Sie sich Ihrer ganz persönlichen Entscheidung bewusst, wenn Sie das Allerheiligste verlassen und langsam in das Alltagsbewusstsein zurückkehren.
8. Verankern Sie das, was Sie im »inneren Raum« entdeckt haben, gut in Ihrem Bewusstsein. Erzählen Sie niemandem davon, um die Klarheit und die Kraft dieser Entdeckung nicht zu beeinträchtigen.

Technik B

Wenn Sie Schwierigkeiten mit der Technik des »inneren Raumes« haben, können Sie die folgende Methode anwenden, die zum gleichen Ziel führt:

1. Begeben Sie sich in einen meditativen Zustand.
2. Vergegenwärtigen Sie sich das Problem.
3. Lösen Sie sich von dem Problem, und beobachten Sie Ihren Atem. Nehmen Sie wahr, wie die Bauchdecke sich mit jedem Einatmen hebt und mit jedem Ausatmen senkt.
4. Wenn Atem und Gedanken ruhiger geworden sind, heben

Sie Ihre Aufmerksamkeit in Ihr energetisches Herzzentrum in der Mitte der Brust.

5. Stellen Sie sich nun vor, Sie hätten sich bereits entschieden, und zwar für den Weg A. Stellen Sie sich den Weg A genau vor, während Sie ihn im Geist bereits gehen. Malen Sie sich die wahrscheinlichen Konsequenzen aus. Sehen Sie die Situation nicht als Beobachter, sondern seien Sie mittendrin. Die Wahl ist getroffen. B, C und die anderen Möglichkeiten existieren nicht mehr.
   Wie fühlen Sie sich?
   Stellen Sie sich nun vor, Sie hätten sich für B entschieden. Gehen Sie den Weg B, erleben Sie sich in Situationen, die sich aus der Wahl B ergeben. Machen Sie sich bewusst, dass A, C und weitere Möglichkeiten nun nicht mehr existieren.
   Wie fühlen Sie sich?
   Visualisieren Sie ebenso ausführlich und gründlich eventuelle weitere Möglichkeiten.
6. Bei welcher Entscheidung kam Freude und Erleichterung in Ihnen auf? Das ist diejenige, die Ihren tiefen Wünschen entspricht.
7. Verankern Sie Ihre Erkenntnis und vor allem die Stimmung von Freude und Erleichterung gut in Ihrem Bewusstsein, bevor Sie ins Alltagsleben zurückkehren.

Sie haben eine Entscheidung getroffen, Ihnen fehlt aber der Mut, sie auch zu realisieren?

Nehmen wie einmal an, Sie haben alle gegebenen Empfehlungen befolgt. Sie haben Ihre grundsätzliche Freiheit entdeckt; Sie haben herausgefunden, dass Sie wichtige Qualitäten entwickeln würden, wenn Sie Wahl B treffen, und obendrein hat Ihr Herz vor Freude gejubelt, als Sie sich B lebhaft vorstellten.

Nun aber heißt es handeln, und das Herz wird Ihnen schwer. Vielleicht müssen Sie jemandem wehtun. Vielleicht müssen Sie etwas tun, das Ihnen schwer fällt, wovor Sie Angst haben oder das ungewohnt ist. Und schon sinken Sie wieder in die Zwickmühle zurück ... Halt!

Vergegenwärtigen Sie sich noch einmal gründlich die Entscheidung Ihrer Wahl. Diejenige Entscheidung, die Sie während Ihrer Kontemplation getroffen haben. Wecken Sie in Ihrem Inneren von neuem die positive Stimmung, die Sie bei dieser Wahl verspürt haben.

Wenn Sie sich tatsächlich zu schwach fühlen, um entsprechend dieser Wahl zu handeln, ist vielleicht der richtige Zeitpunkt noch nicht gekommen. Oder aber es ist Ihre Angst, die Sie daran hindert.

Wie auch immer: Behalten Sie Ihre Entscheidung im Bewusstsein, und stellen Sie sich darauf ein (oder beten Sie darum), dass Sie im richtigen Augenblick richtig handeln werden.

Wenn es unmöglich ist, entsprechend Ihrer heimlichen Wahl zu handeln, weil die äußeren Zwänge oder die moralischen Verpflichtungen zu stark sind, dann behalten Sie Ihre Wahl trotzdem in Ihrem Bewusstsein, hüten Sie sie gut, und bitten Sie Ihr inneres Selbst darum, auf sanfte und für alle Beteiligten förderliche Weise die Lebensumstände herbeizuführen, die Sie sich wünschen – oder bessere.

Denn vielleicht gibt es ja eine viel bessere Möglichkeit, die sich aber noch Ihrer Kenntnis entzieht. Das ist der tiefere Sinn von »Dein Wille geschehe«.

Lassen Sie dann den Dingen des Lebens ihren Lauf, ohne allzu viel an die Sache zu denken. Vertrauen Sie darauf, dass sie die richtige Entwicklung nehmen. Denken Sie fort von der Angelegenheit. Wenn Sie doch an sie denken, dann können Sie die Verwirklichung Ihrer Wünsche am besten dadurch fördern, dass Sie sich vorstellen, sie wären bereits realisiert – und zwar so, dass alle Beteiligten in irgendeiner Weise davon profitieren.

So kommen Sie aus einer Zwickmühle heraus

Sich in einem Dilemma zu befinden, ist eine unangenehme Sache. Man muss sich irgendwie entscheiden, aber welche Möglichkeit man auch wählt, jede hat einen riesengroßen Haken. A ist nicht richtig, und B ist nicht richtig. Oder: A ist richtig, B ist auch richtig. Wenn ich A wähle, muss ich auf B verzichten, was ich nicht will, und wenn ich B wähle, muss ich auf A verzichten, was ich ebenfalls nicht will. A und B zusammen geht aber nicht. Oder: Wenn ich A wähle, verletze ich diese Person, wenn ich B wähle, jene. Wie findet man aus einem Dilemma heraus?

Auch hier ist der erste notwendige Schritt wieder, sich der beteiligten Gefühle bewusst zu werden und ihnen sein Herz zu öffnen.

Erster Schritt: Die körperzentrierte Herzensarbeit

Gefühle, die wahrgenommen werden müssen:

1. Das Gefühl, in einer Zwickmühle zu sein. (In einem Dilemma gefangen, in einer Falle sitzen oder wie auch immer Ihre Formulierung dafür ist. Formulierungen sind manchmal wichtig, um das Gefühl dafür zu entdecken.) Wie fühlt es sich an? Was braucht es vom Herzen?
2. Das Gefühl von Unlösbarkeit. Eventuell gibt es den Gedanken, das Problem sei unlösbar. In diesem Fall müssen Sie erkennen, dass »Unlösbarkeit« ein Gedanke ist (und keine Tatsache) und Ihre Aufmerksamkeit auf das Gefühl richten, das dieser Gedanke in Ihnen auslöst.
3. Alle Gefühle, die mit den jeweiligen Wahlmöglichkeiten verbunden sind.
4. Ihre wahre Sehnsucht. Finden Sie dann Ihre eigene Wunschlösung. Wie würde die Sache sich entwickeln, wenn es ganz nach Ihrem Herzen ginge? Wonach sehnen Sie sich? Völlig unabhängig von dem, was Vernunft und Logik oder andere sagen? Öffnen Sie Ihr Herz für diese Sehnsucht. Was braucht sie?
5. Eventuell die Sehnsucht nach einer Lösung ganz allgemein.
6. Manchmal kommt es vor, dass sich die Situation trotz aller Klärung der Emotionen und Gedanken nicht ändert und die Zwickmühle bestehen bleibt. Dann geht es darum, das »Zwickmühlengefühl« (Punkt 1) nicht nur für einen Augenblick, sondern über einen Zeitraum hinweg ganz bewusst zu fühlen. Manchmal kann die Lösung sich nur offenbaren, wenn das Gefühl von Unlösbarkeit bewusst angenommen wird. Das kann der Verstand nicht verstehen, man kann auch nicht in allgemeiner Form voraussagen,

wie diese Lösung dann aussieht. Meistens jedoch anders, als man es sich vorgestellt hat.

Zweiter Schritt: Sich von den äußeren Zwängen befreien

Nachdem Sie Ihr Herz für Ihre Nöte geöffnet haben, die das Dilemma in Ihnen hervorruft, können Sie sich in die geheime Kammer Ihres Herzens begeben und herausfinden, welches eigentlich Ihr eigener Wunsch ist – unabhängig von dem, was andere wünschen, was andere verletzen könnte oder welche Folgen Ihre Entscheidung sonst haben könnte. Was sagt Ihr Herz?

Stellen Sie sich vor, in Ihrem Herzen gäbe es eine ganz geheime Kammer, zu der niemand außer Ihnen Zutritt hat.

Auch nicht die allerliebsten oder allerwichtigsten Mitmenschen, auch nicht Ihre inneren Eltern oder sonstige höhere Instanzen, die Sie sonst in Ihren Entscheidungen beeinflussen. Dort gibt es keine Logik und keine Moral und niemanden außer Ihnen. Nehmen Sie sich Zeit, um sich das vorzustellen. Visualisieren Sie diese Kammer, und begeben Sie sich hinein.

Und nun fragen Sie sich, was Sie sich in der betreffenden Angelegenheit wünschen. Unabhängig von aller Logik, von allem »Realismus«, von allen anderen Menschen, auch von aller Moral. Wenn dieses Universum ein Ort wäre, in dem es einzig und alleine darum ginge, Ihre Wünsche zu erfüllen: Was wünschten Sie sich in der betreffenden Angelegenheit?

Öffnen Sie Ihr Herz für Ihren Wunsch, indem Sie die Sehnsucht, die damit verbunden ist, aufspüren und zulassen und prüfen, was sie braucht: Anerkennung? Erlaubnis? Zugelassen werden? Raum? Achtung? Für möglich gehalten werden?

Machen Sie sich keine Gedanken darüber, wie dieser Wunsch sich seinen Weg in die Realisierung bahnen könnte. Begnügen Sie sich damit, ihn zu fühlen und ihm das zu geben, was er von Ihnen braucht.

Dritter Schritt: Das Gebet

Nachdem Sie Ihr Herz für Ihre Nöte geöffnet und Zugang zu Ihrem wahren Wunsch gefunden haben, können Sie die ganze Angelegenheit einer höheren Instanz überantworten. Nennen Sie sie Gott oder Ihr höheres Selbst, oder die Intelligenz des Universums, oder rufen Sie Engel oder geistige Helfer oder einfach Ihr inneres Selbst, und formulieren Sie Ihre Bitte.

Meditation bei Gesundheitsstörungen

Um das Kunststück zu vollbringen, dich in einen miserablen Zustand zu versetzen, musst du hart arbeiten. Mit dem gleichen Aufwand kannst du dich ebenso gut darum bemühen, dich zu vervollkommnen und stark zu werden.
Carlos Castaneda

Meditation kann helfen, die Ursache von Krankheiten, Beschwerden oder Unwohlsein zu finden. Wenn man weiß, was einem wirklich fehlt, dann kann eine therapeutische Behandlung den zusätzlichen Anstoß zu einer wirklichen Heilung geben – statt nur die Symptome zu beseitigen oder zu verschieben.

Was den äußeren Auslöser – also die physische Ursache – der Beschwerden anbelangt, so bedarf es im Allgemeinen keiner tiefen Versenkung, um ihn zu finden. Nehmen wir einmal an, Sie haben sich den Magen verdorben, wissen aber nicht, welches Nahrungsmittel daran schuld war. Setzen oder legen Sie sich hin, schließen Sie die Augen, entspannen Sie sich. Ziehen Sie Ihre Aufmerksamkeit im Magen zusammen. Nun lassen Sie alles, was Sie in den letzten Stunden gegessen haben, Revue passieren. Halten Sie bei jedem einzelnen Nahrungsmittel oder Getränk inne, und fühlen Sie, was Sie bei der Vorstellung dieser Substanz empfinden. Dasjenige Nahrungsmittel, das den heftigsten Widerwillen erzeugt, ist es mit ziemlicher Sicherheit gewesen. Versuchen Sie sich auch zu erinnern, ob nicht eine leise innere Stimme Sie gewarnt hat.

Nun kann aber auch die offensichtlichste und banalste Situation wie falsches Essen, Stolpern, nasse Füße, Anstrengung und so weiter noch eine tiefere Ursache haben, beziehungsweise eine Erkrankung kann einem geistigen Zweck dienen, auch wenn sie wie eine rein körperliche Angelegenheit aussieht. Nichts ist »rein körperlich«, sonst könnten unsere Körper auch ohne uns leben.

Bleiben wir bei der Magenverstimmung. Ihnen ist speiübel, und Sie möchten am liebsten Ihren gesamten Körperinhalt bis hinunter zu den Fußsohlen ausspucken. Finden Sie vielleicht irgendetwas in Ihrem Leben »zum Kotzen«? Müssen Sie sich von irgendetwas reinigen? Waren Sie vielleicht gezwungen, etwas anzunehmen, das Sie nicht vertragen haben (Aussagen, Meinungen, Gefühle, Ausstrahlungen anderer Menschen; Sinneseindrücke, die Ihnen zuwider sind)? Vielleicht ist es dringend nötig, dass Sie eine Weile krankfeiern, um sich vor weiteren Eindrücken oder Einflüssen zu schützen und wieder zu sich zu finden, damit das gesamte System (Ihr Körper, Ihre Psyche, Ihre Einstellung zum Leben) sich wieder ordnen kann. Vielleicht brauchte der Organismus auch einfach eine gründliche Reinigung, und die verdorbene Nahrung war nur der auslösende Impuls für das reinigende Erbrechen.

Oftmals braucht ein Mensch, der sich eine akute Krankheit zuzieht, einfach Ruhe, Entspannung und Loslösung. Wenn der Drang zur Aktivität stärker ist als die zur Ruhe mahnende Weisheit des inneren Selbst, dann legt sich der Mensch unter Umständen ein Symptom zu, das ihn ans Bett fesselt oder im Extremfall sogar ins Krankenhaus bringt. Wenn er zu stark in seinem Denken gefangen ist, bekommt er vielleicht starkes Fieber, das das rationale Denken unterbricht und das Bewusstsein in andere Dimensionen des Denkens eintauchen lässt. Wenn dem Menschen Liebe und Zuwendung fehlt, zieht er sich vielleicht eine Erkrankung zu, die nach Wärmezufuhr von außen oder nach intensiver Pflege durch eine andere Person verlangt.

Verstehen Sie mich bitte recht: Dies sind nur Möglichkeiten, die Symptome zu verstehen, sie sollen keineswegs als Standarddeutung missbraucht werden, schon gar nicht, wenn es sich um die Symptome anderer handelt. Jeder Mensch ist einmalig, und ein Symptom ist eine Schöpfung seines kreativen (Unter-)Bewusstseins, das ihm als Warnung, als Schutz, als Spiegel, als Information, als Mittel zur Bewusstseinserweiterung oder zur Heilung dienen kann.

Etwas in unserem Inneren weiß, warum wir krank sind. Dieses Wissen ist nicht nur irgendwo in einem ominösen, raumlosen Unterbewusstsein gespeichert, sondern auch in den betroffenen Körperzellen. Wenn Ihr Magen wehtut, so spricht eine Schicht Ihres Bewusstseins, der Sie keine Aufmerksamkeit schenken, durch diesen Schmerz – dass er gerade im Magen sitzt und nicht in der Niere, im Kopf oder im kleinen Zeh, das hat Bedeutung. Eine Bedeutung, die nur Sie entschlüsseln können. Dabei sollten Sie sich nicht ausschließlich auf Standarddeutungen wie »Magenschmerzen haben mit heruntergeschlucktem Ärger zu tun« stützen. Solches Wissen ist hilfreich, um überhaupt einen Eindruck davon zu bekommen, wie man Symptome verstehen lernen kann. In einem konkreten Fall aber verlässt man sich besser auf eigene Originaleindrücke.

Wenn Sie Ihrer Krankheit auf den Grund gehen und die Selbstheilung anregen möchten, empfehle ich Ihnen, in drei Schritten vorzugehen. Mit der gewöhnlichen Art des Denkens – der Interpretation – können Sie zunächst versuchen, das Symptom zu übersetzen und verstehen zu lernen.

So leistet der Verstand die klärende Vorarbeit, bevor Sie sich in einen meditativen Zustand versetzen und in eine andere Art des Denkens eintauchen: das unmittelbare Wissen (der intuitive Modus). In einem weiteren Teil können Sie dann zur Anregung der Selbstheilung eine weitere Funktion des Denkens benutzen: die schöpferische Vorstellungskraft.

Erster Schritt: Das Symptom übersetzen

Formulieren Sie so treffend und deutlich wie möglich die Art Ihrer Krankheit oder Beschwerde sowie ihre Folgen, also das, woran sie Sie hindert oder wozu sie Sie zwingt. Beispielsweise: »Ich habe mich verrenkt, und dadurch bin ich fast lahm gelegt.« Das ist mir vor kurzem passiert, und ich brauchte nur diese Formulierung auszusprechen, um zu wissen, worum es sich handelte. Es lag klar auf der Hand. Ich hatte mich verrenkt: Statt einfach entsprechend meinen Impulsen zu handeln, hatte ich mir das Handeln verkniffen, allerdings nicht konsequent, sondern halbherzig und mit Bedauern. Darüber wurde ich ganz verquer und verrenkte mich so sehr in gedanklichem Hin und Her, dass ich fast handlungsunfähig wurde. Aufschlussreich war auch der Ort der Verrenkung: Es war der untere Teil der Halswirbelsäule. Eine Stelle zwischen Herz und Kopf, an der zugleich die Arme aufgehängt sind. Die Verrenkung fand zwischen Herz (Originalimpulse), Kopf (Denken) und Armen (Handeln) statt.

Jeder Körperteil hat eine bestimmte Funktion. Diese Funktion kann Ihnen einen Hinweis geben, warum das Symptom gerade hier und nicht woanders auftritt. Es kann sich um eine direkte Aussage handeln (»Ich habe mich verrenkt«, »Mir kommt die Galle hoch«, »Das liegt mir schwer im Magen«), der Hinweis kann aber auch darin liegen, dass das Symptom Sie an etwas hindert oder zu etwas zwingt. Zum Beispiel: »Ich kann nichts mehr vertragen.« Oder: »Es ist mir fast unmöglich, mich zu bewegen.« Einmal hatte ich mich so verrenkt, dass ich nur noch geradeaus gucken konnte, und ich verstand: Ich sollte nicht rechts und links schauen, sondern unbeirrt meinen Weg gehen.

Bei Aussagen wie »Die Niere tut mir weh« ist es schwieriger, die Störung ohne medizinische Fachkenntnis intellektuell zu erfassen. Hier muss man sich die Funktion des Organs vergegenwärtigen, um hinter die Bedeutung des Symptoms zu kommen. Die Niere ist ein Filter. Sie dient der Verarbeitung von Flüssigkeit. Brauchbare Stoffe werden dem Körper zugeführt, unbrauchbare ausgeschieden. Wasser ist die Substanz, die das Fließen im Organismus ermöglicht, die ständige Bewegung. Wasser hat zu tun mit Emotion (motion = Bewegung), dem Gefühl. Gefühle bewegen uns, und Gefühle sind von Natur aus ständig in Bewegung, ähnlich wie das Wetter. Zorn wechselt über in Mitleid, Trauer in Frieden, Frieden in Freude und so fort. Nun halten wir aber Gefühle oft fest, statt sie weiterziehen und sich wandeln zu lassen. Dann gibt es Stauungen und Rückstände. Diese könnten in Form von Nierengrieß oder -steinen materielle Gestalt annehmen. (Können, müssen aber nicht!!)

Einen weiteren Hinweis gibt das, wonach man aufgrund der Krankheit verlangt. Unterkühlung im Bereich der Nieren verlangt nach Wärme. Vielleicht fehlt es Ihnen an warmer Zuwendung von Seiten anderer Menschen – wahrscheinlich des Partners, denn Niere und Blase sind auch eng mit der Sexualität verbunden. Oder ein Symptom macht Sie, im Gegenteil, hochempfindlich gegen Berührungen – es äußert sich vielleicht heiß und gereizt und braucht Ruhe und Kühlung: Dann könnte es sich um das entgegengesetzte Bedürfnis handeln.

Mit Beispielen dieser Art könnte man ganze Bücher füllen. Das Grundprinzip der Erforschung: Formulieren Sie Ihren Zustand und seine Konsequenzen so genau wie möglich, und hören Sie dann Ihrer eigenen Formulierung zu.

Wenn die Aussage nicht klar auf der Hand liegt, dann beschäftigen Sie sich sozusagen forschend mit der Funktion des betroffenen Körperteils oder Organs. Gehen Sie dabei nicht allzu logisch vor, sondern tasten Sie folgende Elemente spielerisch in Ihrem Denken ab:

- das Symptombild,
- die Funktion des Körperteils oder Organs,
- das, woran Sie das Symptom hindert,
- das, wozu es Sie zwingt,
- das, wonach es Sie aufgrund des Symptoms verlangt.

Zum Abschluss notieren Sie kurz und präzise, was Sie herausgefunden haben. Lösen Sie sich dann von dieser Betrachtung, und treten Sie in einen meditativen Zustand ein. Wenn nötig, legen Sie eine Pause ein, während der Sie sich schütteln, strecken, kräftig gähnen oder tief ein- und ausatmen.

Zweiter Schritt: Die körperzentrierte Herzensarbeit

Hier geht es darum, den seelischen Inhalt der körperlichen Symptome kennen zu lernen. Es gibt keine Krankheit, die »rein körperlich« ist, denn wir sind eine Körper-Seele-Geist-Einheit. Unsere körperlichen Zustände *sind* unsere seelischen Zustände, ausgedrückt in Fleisch und Blut. Das gilt für jede Krankheit, welchen Namen auch immer die medizinische Wissenschaft ihr gegeben hat. Jedenfalls habe ich es immer höchst aufschlussreich, produktiv und heilend gefunden, sie so zu betrachten.

Mein Tipp: Vergessen Sie, wie Ihre Krankheit heißt. Der Name ist nur ein Mittel, um sich über bestimmte Symptome verständigen zu können. Vergessen Sie auch die Ursache Ihrer Erkrankung. Was wir für die Ursache halten, ist im Allgemeinen nur der Auslöser, wie etwa eine Ansteckung, eine

Nahrungsmittelvergiftung, die Wechseljahre, das Alter etc. Er spielt für diese Übung keine Rolle.

Lassen Sie sich einfach nur auf den Zustand ein, der in Ihrem Körper herrscht. Widmen Sie ihm Ihre ganze Aufmerksamkeit. Kontemplieren Sie ihn. Ob es Fieber ist oder Schmerz, Krämpfe oder Magenschmerzen, oder was auch immer: Es ist Ihr eigener Zustand, der sich da im Körper niederschlägt. Dieser Zustand mag durch äußere Faktoren ausgelöst sein – das ist fast immer so, außer bei Krankheiten, die als »rein psychosomatisch« angesehen werden –, aber damit ist die Bedeutung des Krankheitsbildes nicht erschöpft. Das Krankheitsbild sagt etwas über Ihren inneren Zustand, Ihre Gefühle, und zwar über solche Gefühle, die Ihnen nicht bewusst sind, oder um die Sie sich nicht gekümmert haben. Ergründen Sie sie, indem Sie sich in das Symptom vertiefen und nach und nach Ihre verdrängten Gefühle darin entdecken. Öffnen Sie Ihr Herz für diese Gefühle (siehe das Kapitel über die körperzentrierte Herzensarbeit). Oft reicht bereits dieser Schritt, um körperliche Erleichterung zu erfahren – in manchen Fällen sogar Blitzheilung. Sollte das nicht der Fall sein, dann können Sie die folgenden Techniken probieren:

Dritter Schritt: Körper und Geist befragen

Die Technik

1. Begeben Sie sich in einen meditativen Zustand.
2. Ziehen Sie all Ihre Aufmerksamkeit in dem betroffenen Organ, Körperteil oder Körperbereich zusammen. Atmen

Sie tief und ruhig in diesen Bereich hinein. Lassen Sie Ihre Aufmerksamkeit dort ruhen, während Sie passiv und aufmerksam bleiben. Wenn sich die Beschwerden nicht in einem Körperteil lokalisieren lassen, erfassen Sie den Zustand als Ganzes mit Ihrer Aufmerksamkeit.

Vertiefen Sie die Atmung behutsam, wobei Sie Ihre Aufmerksamkeit passiv auf dem Beschwerdezustand ruhen lassen. Vertiefen Sie den Atem langsam immer mehr. Atmen Sie jetzt sehr tief und vollständig, während Sie sich ganz auf Ihren Krankheits- oder Schmerzzustand konzentrieren.

3. Entspannen Sie sich. Akzeptieren Sie den Zustand. Lehnen Sie sich im Geist zurück, und entspannen Sie sich so weit wie möglich, während Sie den Zustand als gegeben hinnehmen. Erspüren und erforschen Sie ausgiebig und gründlich, wie es ist, sich so zu fühlen, wie Sie sich fühlen. Erforschen Sie Ihre Beschwerden, indem Sie sie fühlen. Welche Emotionen sind damit verbunden, welche Stimmung? Tauchen Bilder oder Assoziationen auf? Wenn Ihnen Tränen kommen, lassen Sie sie frei fließen. Wenn Wut aufsteigt, konzentrieren Sie sich auf die Wut, darauf, wie sie sich anfühlt. Heißen Sie alle Gefühle willkommen, die auftauchen, während Sie Atem und Aufmerksamkeit auf Ihre Beschwerden lenken. Nehmen Sie sie freundlich auf, und erforschen Sie sie neugierig.
4. Wenn diese Phase beendet ist (das spüren Sie), dann können Sie entweder die Übung abschließen: Oftmals reicht diese Technik der Hinwendung und Erforschung schon aus, um Aufschluss über das Wesen der Erkrankung zu bekommen – manchmal gibt es sogar schon den entscheidenden Impuls zur Heilung; oder zum nächsten Schritt übergehen.

5. Lösen Sie Ihre Aufmerksamkeit, so weit möglich, von der Erkrankung, und vertiefen Sie den meditativen Zustand. Beenden Sie die Kontemplation der Gefühle und Empfindungen mit einem tiefen Ausatmen oder Seufzer. Lenken Sie dann Ihre Aufmerksamkeit darauf, wie der Atem die Bauchdecke hebt und senkt. Folgen Sie jedem Heben und jedem Senken.
6. Erneuern Sie den Kontakt zu Himmel und Erde: Machen Sie sich zuerst Ihre Verbindung zur Erde bewusst, indem Sie sich vorstellen und fühlen, dass der Mittelpunkt des Planeten sich in gerader Linie unter Ihnen befindet und dass Ihr Körper durch die Schwerkraft gehalten wird. Wandern Sie dann mit Ihrer Aufmerksamkeit zur obersten Stelle des Kopfes, und stellen Sie sich dort eine Öffnung nach oben vor, durch die Inspiration aus höheren Schichten Ihres Wesens in Ihr Bewusstsein eintreten kann.
7. Treten Sie im Geist einen großen Schritt zurück. Lassen Sie Ihre Aufmerksamkeit aus diesem Abstand heraus auf Ihrem Körper, Ihrer Persönlichkeit und Ihrem Leben ruhen. Lassen Sie ein Bild vor Ihrem geistigen Auge entstehen, das Sie selbst inmitten Ihrer Lebenssituation zeigt. Es muss kein klares Bild sein, es kann auch ein allgemeiner Eindruck oder eine gefühlsmäßige Information sein.
8. Während Sie dieses Bild betrachten, stellen Sie sich selbst – Ihrem wissenden inneren Selbst – die Frage, die Sie beantwortet haben möchten (zum Beispiel: »Warum schmerzt mich der rechte Fuß?«). Lassen Sie Ihre Aufmerksamkeit weiter auf dem Bild oder Eindruck Ihrer Gesamtsituation ruhen. Entspannen Sie sich. Lassen Sie den Atem frei und natürlich fließen. Verharren Sie in diesem

passiven Zustand, und fühlen Sie Ihren Atem. Lauern Sie einer möglichen Antwort nicht auf. Atmen Sie einfach, und vertiefen Sie Ihre Entspannung.

9. Schließen Sie diese Meditation ab, wenn Sie das Gefühl haben, dass sie beendet ist – ganz gleich, ob Sie Antwort erhalten haben oder nicht. Die Antwort stellt sich in den allermeisten Fällen während der Meditation ein: als Bild, als gefühlsmäßiger Eindruck oder als Wortgedanke.
Manchmal jedoch tritt sie erst nach der Meditation (bisweilen unmittelbar danach) ins Bewusstsein, sei es von innen als Erkenntnisblitz, sei es von außen durch ein Buch, einen Satz, der uns begegnet oder den jemand uns sagt. Oder aber durch einen Traum.
Deshalb können Sie die Meditation jetzt ruhig abschließen, wenn Sie spüren, dass der innere Vorgang beendet ist, und darauf vertrauen, dass die gewünschte Information zu Ihnen kommt.
Wenn keine Information kommt (was meines Wissens selten ist), so haben Sie sich selbst und Ihren Beschwerden doch das Allerwichtigste gegeben, nämlich Aufmerksamkeit und Zuwendung. Schon dadurch haben Sie Ihre Beziehung zu sich selbst verbessert und der Heilung den Weg geebnet. Wenn keinerlei Information auftaucht, so kann das daran liegen, dass etwas in Ihnen dies verhindert. Arbeiten Sie nicht mit der Brechstange daran. Dieses Etwas ist möglicherweise sehr klug und weiß, dass Sie das entsprechende Wissen im Augenblick nicht verwenden können oder dass es sonst einen wichtigen Hinderungsgrund gibt. Wenn der richtige Augenblick gekommen ist, wird die Information Sie erreichen. Denn sobald Sie einmal be-

schlossen haben, die Wahrheit herauszufinden, und Ihr Bewusstsein dafür offen halten, bekommen Sie die Information, die Sie für den nächsten Schritt brauchen.

Vierter Schritt: Die Selbstheilung anregen

Dies kann eine gesonderte Meditation sein oder aber die Fortsetzung der vorhergegangenen.

Die Technik

1. Begeben Sie sich in einen meditativen Zustand.
2. Umarmen Sie Ihren Zustand. Das heißt, richten Sie Ihre liebevolle, freundliche, tröstende Aufmerksamkeit auf die erkrankte Stelle oder den ganzen Körper, ähnlich wie Sie ein geliebtes Kind umarmen oder ihm die Hand auflegen würden, wenn es Schmerzen hat. Wenn es sich tatsächlich um eine schmerzende Stelle handelt, können Sie dort natürlich die Hand auflegen. Fühlen Sie, wie Ihnen dabei zumute ist. Bleiben Sie eine ganze Weile im Zustand liebevoller Zuwendung. In vielen Fällen tritt nach einiger Zeit Erleichterung und Frieden ein. Wenn Sie dann das Bedürfnis haben, sich hinzulegen und einzuschlafen, dann folgen Sie dem bitte. Im Schlaf können die durch die Zuwendung angeregten Heilkräfte in Ruhe wirken. Wenn Sie nicht schläfrig sind, sondern fortfahren und auf aktive Weise zur Heilung beitragen möchten, dann gehen Sie zum nächsten Schritt über.

3. Vergegenwärtigen Sie sich Ihren Zustand als Ganzes: Ihre körperlichen Symptome, Ihre Gefühle, Ihre Lebenssituation. Das kann in einem Augenblick geschehen, wenn Sie vorher den ersten und zweiten Schritt (»Das Symptom übersetzen«, ab Seite 98 und »Körper und Geist befragen«, ab Seite 102) getan haben.
4. Machen Sie sich bewusst, dass jede Erkrankung eine Krise ist, nach der sich nicht einfach der ursprüngliche Zustand wiederherstellt, wie bei einer Autoreparatur, sondern eine neue, höhere Ordnung eintritt. Naturwissenschaftler haben herausgefunden, dass Krisen auftreten, um die alte Ordnung zu zerstören und damit den Weg für eine neue, höhere zu ebnen. Stellen Sie sich vor, wie Sie gesund, mit neuen Kräften, neuen Erkenntnissen und frischen Inspirationen wieder ins Leben treten.
5. Visualisieren und vor allem fühlen Sie diesen neuen, besseren Zustand so deutlich wie möglich. Stellen Sie sich vor, wie Sie etwas Kindlich-Ekstatisches tun: Purzelbäume oder Räder schlagen, einen Hügel hinunterrollen, hüpfen, springen, tanzen. Erlauben Sie Ihrer Lebensfreude, sich wieder hervorzuwagen.
6. Wenn Sie den Wunsch danach verspüren, dann geben Sie diesem Bild in irgendeiner Weise Ausdruck – indem Sie etwas malen oder singen, entsprechende Gesten oder Bewegungen machen, ein Gedicht formulieren oder dergleichen.
7. Verankern Sie den imaginierten neuen, verbesserten Zustand und vor allem das positive Gefühl, das bei dieser Vorstellung auftaucht, fest in Ihrem Bewusstsein und in Ihrem Körper, bevor Sie die Sitzung abschließen.

8. Erinnern Sie sich in der darauf folgenden Zeit so oft wie möglich an Ihre Vision neuer Gesundheit. Denken Sie vor allem morgens gleich nach dem Aufwachen und abends vor dem Einschlafen daran.

Wenn Ihnen dieser dritte Schritt unmöglich ist, weil Widerstände auftreten – das heißt, weil Sie sich Gesundheit nicht vorstellen möchten –, dann ist es sehr wahrscheinlich, dass Ihre Erkrankung entweder damit zusammenhängt, dass Sie jemandem grollen, oder aber damit, dass Sie sich schuldig fühlen. In diesem Fall lesen Sie bitte die entsprechenden Kapitel (»So lösen Sie sich von Ihren Schuldgefühlen« ab Seite xxx und »So überwinden Sie Ihren Groll« ab Seite xxx), und folgen Sie den dort gegebenen Empfehlungen, bevor Sie sich erneut daranmachen, Ihre Gesundheit zu visualisieren.

Wenn Sie jedoch die Gesundheitsvisualisierung deshalb nicht durchführen können, weil Ihr Verstand nicht an Ihre Genesung glauben kann, dann tun Sie es bitte trotzdem.

Umarmen Sie Ihren Zustand, und stellen Sie sich dann intensiv vor, wie Sie gesünder als vorher, erneuert, gereinigt, vitalisiert und voller Freude sind. Selbst wenn Sie an einer unheilbaren Krankheit leiden sollten, so ist es Ihnen dadurch möglich, innerhalb der gegebenen Umstände glücklicher, schwungvoller und inspirierter zu sein.

Zusätzliche Tipps

1. Heilen mit Farben

Das Visualisieren von Farben kann beruhigende, anregende, wärmende, kühlende, harmonisierende oder aufheiternde Wirkung haben. Ganz grob vereinfacht:

- Rot wärmt und vitalisiert,
- Orange wärmt und harmonisiert,
- Gelb hellt auf und harmonisiert,
- Grün beruhigt, reinigt und harmonisiert,
- Blau kühlt und reinigt und
- Violett regt ganz allgemein die Heilung an.

Das ist – wie schon gesagt – stark vereinfacht. Die wärmenden Farben gehören zu den unteren Körperbereichen, Gelb in die obere Mitte, die kälteren Farben Grün, Blau und Violett in den Bereich von Hals und Kopf. Visualisieren Sie die Farben bitte immer leuchtend und durchscheinend, also als Lichtfarben.

Wenn Sie mit Hilfe von Farben Symptome lindern möchten:

- Überhitzte Körper können mit Blau abkühlen.
- Wenn Sie unter Traurigkeit oder Angst leiden, können Sie leuchtendes Gelb oder Goldgelb visualisieren.
- Wenn Sie die Bauchorgane reinigen möchten oder wenn Ihr Hals schmerzt, füllen Sie die betreffenden Zonen in Ihrer Vorstellung mit leuchtendem Smaragdgrün.
- Kopfschmerzen lassen sich manchmal mit dem Visualisieren von blauer Lichtfarbe lindern.

Wenn Sie nicht sicher sind, welche Farbe die richtige ist: Die Vorstellung von leuchtendem Violett regt ganz allgemein die

Heilkräfte an (wenn sie allerdings Widerwillen erzeugt, arbeiten Sie bitte nicht mit dieser Farbe).

Möglicherweise steigt auch eine heilende Farbe in Ihrem Bewusstsein auf, sobald Sie sich auf eine solche Wahrnehmung einstellen. Arbeiten Sie dann mit dieser Farbe. Füllen Sie den erkrankten Körperteil ganz damit aus, lassen Sie Ihr Bewusstsein ganz von der Farbe durchdringen.

Sie können auch eine Zeit lang ein Tuch, ein Kleidungsstück oder einen Stein in dieser Farbe am Körper tragen.

2. Heilen mit Tönen

Auch Singen kann die Selbstheilung stark anregen. Setzen Sie sich in bequemer Haltung an Ihren Meditationsplatz. Hierbei müssen Sie nicht unbedingt die Meditationshaltung einnehmen, sondern eine Haltung, die Ihnen angenehm ist, wenn es darum geht, sich selbst etwas Gutes zu tun. Ich stelle beispielsweise die Knie auf, umfasse sie mit den Armen und schaukele leicht hin und her.

Singen Sie nun ganz leise etwas für sich selbst, so, wie eine Mutter ihr krankes Kind mit ihrem Gesang beruhigen und von seinen Schmerzen ablenken würde. Singen Sie irgendetwas, was immer Ihnen gerade einfällt. Es muss weder einen Sinn ergeben noch eine musikalische Struktur haben – es muss Ihnen gut tun.

Sie können auch mit einzelnen Tönen und Vokalen arbeiten. Hierzu begeben Sie sich in einen meditativen Zustand. Lassen Sie dann einen Ton mit Vokal in Ihrem Inneren aufsteigen, und singen Sie ihn so lange und so oft, wie es gut tut. Setzen Sie den Ton an die erkrankte Stelle, bringen Sie diese zum Vibrieren. Wenn das nicht gut tut, dann brechen Sie sofort ab und wählen einen anderen Vokal oder eine andere Tonhöhe. Manchmal muss man auch Konsonanten zur Hilfe nehmen, um einen Körperbereich zu erreichen.

Beobachten Sie, welche Vibrationen ein »w« oder ein lang gezogenes »s« in Ihrem Körper erzeugen. Summen Sie »n« oder »m«, und probieren Sie, wie es sich anfühlt, wenn Sie »nganganga« oder »mimimi« singen. Achten Sie sensibel auf Ihr Gefühl: Sobald ein Klang Unwohlsein oder Widerwillen erzeugt, geben Sie ihn auf.

Wenn Sie mit einem Klang arbeiten möchten, der niemals schadet und immer dazu tendiert, Harmonie herzustellen, dann singen Sie »om«.

So gehen Sie mit Krisen um

Gott ausreden lassen heißt Vollkommenheit.
Prentice Mulford

Das Leben sorgt dafür, dass sich alles ständig weiterentwickelt. Wenn etwas gut funktioniert, hat es die Tendenz, sich verewigen zu wollen: Wenn es gut geht, warum sollten wir uns verändern? Aber das Leben sorgt für Bewegung. Durcheinander kommt auf, Störungen treten ein, Unzufriedenheit macht sich breit. Die Ordnung bröckelt. Und plötzlich ist die Krise da.

Etwas ist nicht in Ordnung. Unser übliches Denken ist mechanistisch: Was nicht in Ordnung ist, muss repariert werden. Reparieren heißt, den alten Zustand wiederherstellen. So sehnen wir uns oft, wenn wir uns in einer Krise befinden, nach der alten Harmonie zurück. Genau dieses Zurücksehnen aber verlängert möglicherweise die Krise – denn diese ist ja gerade dazu da, Ihnen zu einer neuen Ordnung, einer höher entwickelten, zu verhelfen.

Wenn Sie sich also inmitten einer scheußlichen Krise befinden, so ziehen Sie bitte wenigstens als Hypothese in Betracht, dass es sich um einen schöpferischen Umbruch handelt, der den Weg bereitet für etwas, das noch besser ist als das, was vorher war.

Meditation kann helfen, inmitten der Krise eine gewisse Stabilität in sich selbst zu bewahren und den Überblick zu behalten, auch wenn Sie keine Ahnung haben, wie es weitergehen soll.

Erster Schritt: Die körperzentrierte Herzensarbeit

Auch hier sollten Sie als Erstes die Gefühle, die diese Krise in Ihnen weckt, bewusst fühlen, statt unbewusst von ihnen beherrscht zu werden, und Ihr Herz für sie öffnen, indem Sie prüfen, was sie brauchen. Das schafft bereits enorme Erleichterung:

1. Wie fühlen Sie sich, wenn Sie sich die Krise vergegenwärtigen?
2. Wie fühlen Sie sich, wenn Sie an den Zustand vor der Krise denken?
3. Was fühlen Sie im Hinblick auf den Zustand nach der Krise? Gibt es eine Sehnsucht, eine Hoffnung, eine Angst?

2. Schritt: Ausführliche Kontemplation der Krisensituation

Die Technik

1. Begeben Sie sich in einen meditativen Zustand.
2. Vergegenwärtigen Sie sich die Krisensituation. Denken Sie zwei bis drei Minuten lang über sich nach.
3. Beenden Sie das Nachdenken, und gehen Sie zum Anfang Ihrer Überlegungen zurück. Betrachten Sie genau, was Sie soeben gedacht und was Sie dabei gefühlt haben. Lassen Sie Ihr eigenes Denken und Fühlen auf sich wirken. Wenn dabei neue Gedanken auftauchen, dann halten Sie wieder inne und betrachten die neuen Gedanken. Nehmen Sie

sich für die Betrachtung der Situation, der Gedanken über die Situation, der Gedanken über die Gedanken insgesamt fünf bis sechs Minuten Zeit. Das reicht vollauf, um festzustellen, wie die Krise sich in Ihrem Bewusstsein darstellt.

4. Nehmen Sie Abstand, indem Sie diese Gedanken mit zwei oder drei tiefen Atemzügen, am besten mit hörbarem Seufzen verbunden, aus Ihrem Bewusstsein entlassen. Treten Sie im Geist zurück. Verlagern Sie Ihren Schwerpunkt innerhalb Ihres Körpers und Energiefeldes weiter nach hinten. Lehnen Sie sich in Ihrem Körper zurück wie in einem Sessel. Das ermöglicht es Ihrem Bewusstsein, ein wenig aus dem Zeitstrom herauszutreten und in ein Gefühl von Zeitlosigkeit einzutauchen. Spüren Sie dieses Gefühl auf, indem Sie sich in Ihrem Körper zurücklehnen und sich entspannen. Lassen Sie den Atem natürlich kommen und gehen, und folgen Sie seinem Rhythmus, bis Atem und Gedanken sich beruhigt haben.
5. Stellen Sie sich vor, dass Ihr Leben an Ihnen vorbeifließt wie ein Strom oder ein Film. Lassen Sie ein Bild auftauchen, das Ihnen zeigt, wie die gegenwärtige Krise in Ihre Vergangenheit und Zukunft eingebettet ist.
6. Stellen Sie sich vor oder nehmen Sie wahr, dass vor der Krise eine alte, vormals stabile, nun brüchig gewordene Ordnung existierte und dass sich nach der Krise eine neue Ordnung bilden wird. Ein Zustand, der in irgendeiner Weise einen Fortschritt oder eine Erweiterung gegenüber dem vorangegangenen darstellt. Lassen Sie diese Bilder und Vorstellungen auf sich wirken, ohne über sie nachzudenken.

7. Entfernen Sie Ihre Aufmerksamkeit von der Krisensituation, und richten Sie sie auf den vorbeiziehenden Strom Ihres Lebens im Ganzen. Lassen Sie ein Bild auftauchen, das zeigt, wie dieser Strom in ein größeres Ganzes eingebettet ist.
8. Stellen Sie sich vor, dass Sie sich diesem großen Fluss vertrauensvoll überlassen. Entspannen Sie sich.
9. Gleiten Sie mit Ihrer Aufmerksamkeit nach und nach zu dem ruhigen Fluss Ihres Atems hinüber. Folgen Sie der Ebbe und der Flut Ihres Atems.
10. Beenden Sie die Meditation, indem Sie das erlebte Gefühl von Vertrauen und Fließen in sich verankern.

Welche Qualitäten sind jetzt gefordert?

Möglicherweise fördert die gegenwärtige Krise das Entstehen beziehungsweise die Entfaltung einer neuen Qualität in Ihnen. Es kann nützlich sein herauszufinden, um welche Qualität es sich handelt, und mit dieser zu arbeiten. Suchen Sie diese Qualität nicht, indem Sie darüber nachdenken, sondern indem Sie sich in meditativem Zustand folgende Fragen stellen – und die Antwort in Ihrem Bewusstsein aufsteigen lassen:

1. Welche Qualität ist es, die die Krisensituation in mir herausfordert? Wie würde sich die Situation verändern, wenn ich diese Qualität entwickelte?
2. Nach welcher Qualität sehne ich mich im tiefsten Inneren, wenn ich einmal völlig von den Lebensumständen absehe? Wie würden sich die Umstände verändern, wenn ich diese Qualität entwickelte?

Wenn Sie sich entschieden haben, welche Qualität jetzt am wichtigsten für Sie ist, dann arbeiten Sie täglich mit ihr, indem Sie nichts weiter tun, als sich die Qualität und die mit ihr verbundene Stimmung zu vergegenwärtigen. Wählen Sie menschliche Vorbilder und symbolische Bilder, die diese Qualität illustrieren und Ihnen helfen, sich auf sie einzustellen. Die ausführlichen Techniken zu diesem Punkt finden Sie im Kapitel »Probleme lösen mit Meditation« (ab Seite 57).

Während der Krise: Jeden Tag kurz meditieren

Während einer Krise ist Meditation besonders wichtig. Oft fällt es einem aber gerade dann sehr schwer zu meditieren.

Es lohnt sich jedoch, sich zu überwinden. Setzen Sie sich wenigstens einmal täglich an Ihren Meditationsplatz. Sagen Sie sich, dass Sie, wenn Sie es wünschen, gleich wieder aufstehen können – aber setzen Sie sich auf jeden Fall hin.

Sie werden sich leichter tun, wenn Sie jeden Tag zur gleichen Zeit meditieren, z.B. morgens vor oder nach dem Duschen. Nehmen Sie Ihre Krise und die Aussicht, zu einer Lösung zu finden, als Motivation. Sie werden nach einiger Zeit feststellen, dass Sie nur ungern auf Ihre Morgenmeditation verzichten wollen.

Sehr hilfreich ist – wenn man nicht genügend Zeit oder Ruhe für ausführliche Kontemplationen hat – die folgende Kurzmeditation:

Die Technik

1. Begeben Sie sich in einen meditativen Zustand.
2. Erforschen Sie Ihren körperlichen Zustand. Wandern Sie mit Ihrem Bewusstsein kurz durch die verschiedenen Bereiche Ihres Körpers.
3. Erfassen Sie Ihren psychischen Zustand. Wie fühlen Sie sich?
4. Vergegenwärtigen Sie sich die Krisensituation. Nehmen Sie wahr, welche Gedanken und Gefühle diesbezüglich in Ihnen auftauchen. Beurteilen Sie sie nicht, sondern spüren Sie ihnen nach.
5. Vergegenwärtigen Sie sich die Intelligenz, die durch Sie und Ihr Leben wirkt. Sie wirkt. Sie wirkt in den Atomen, Zellen und Organen Ihres Körpers, sie wirkt in Ihrer Psyche, in Ihrem Verstand und in Ihrem Leben. Sie strebt nach Fortentwicklung, Ausdehnung, Höherentwicklung.
6. Betrachten Sie den Fluss Ihres Atems, den Fluss Ihrer Gedanken, den Fluss Ihres Lebens und das Wirken der Intelligenz im Lauf der Dinge.
7. Beenden Sie die Meditation, indem Sie die Handflächen vor dem Herzen aneinanderlegen.

Wenn Ihre Gefühle Ihnen zu schaffen machen …

Fühlt, was ihr fühlt! Mehr ist nicht nötig.
Safi Nidiaye
in: »Liebe ist mehr als ein Gefühl«

Ein Gefühl ist eine Art, wie man sich in einem gegebenen Augenblick fühlt. Es ist nichts weiter schlimm oder tragisch daran. Mal fühlt man sich traurig, mal verletzt, mal geschmeichelt, mal froh, mal gelangweilt... Wir fühlen uns in jedem Augenblick irgendwie, und nichts daran ist verkehrt oder müsste ein Drama sein ... wenn da nicht die Gefühle wären, die wir verdrängt haben, weil wir nicht mit ihnen umgehen konnten und können. Wenn wir ein Gefühl empfinden, dann ist es eine vorübergehende Nuance des inneren Erlebens. Wenn wir es nicht fühlen, wird es zu einer festen Gestalt, die auf dem Grunde unserer Psyche haust wie das Monster von Loch Ness und uns bedrohlich erscheint. Sobald es durch einen Vorfall ausgelöst wird, taucht Panik auf: »Das kann ich nicht aushalten. Das kann ich unmöglich fühlen. Das ist unannehmbar.« Um es nicht fühlen zu müssen, reagieren wir emotional – werden wütend, flüchten, weinen oder verschließen uns.

Mit der körperzentrierten Herzensarbeit hat sich eine Methode der Meditation entwickelt, die es uns möglich macht, solche verdrängten Gefühle aufzuspüren, bewusst zu machen und ihnen das zu geben, was sie brauchen, um sich von unserem Herzen angenommen zu fühlen und hinter ihrer Monster-Maske ihre Unschuld zu enthüllen.

Welches Gefühl auch immer Sie quält, oder mit welchem Gefühl auch immer Sie Ihre Umwelt terrorisieren oder Ihre

Umwelt Sie … Sie können es kontemplieren, statt es nur zu erleiden oder auszuleben, und dabei seinen Hintergrund, die seelische Verletzung, aus der es hervorgegangen ist, heilen.

Wenn Sie sich über etwas aufregen, empören oder ärgern …

Halten Sie inne, und fühlen Sie Ihre Aufregung, Empörung oder Ihren Ärger. Öffnen Sie Ihr Herz dafür. Stellen Sie fest, was Ihnen so wehtut, dass Sie sich ärgern, empören oder aufregen müssen. Die Ungerechtigkeit? Die Ablehnung? Der Verrat? Oder was sonst? Fühlen Sie Ihren Schmerz. Erlösen Sie ihn aus der Verdrängung. Öffnen Sie ihm Ihr Herz. Fragen Sie sich abschließend, welche Sehnsucht darunter sitzt und von diesem Schmerz immer erdrückt wurde. Befreien Sie diese Sehnsucht, indem Sie sich erlauben, sie zu fühlen. Fragen Sie sich, was sie von Ihrem Herzen braucht.

Wenn Sie wegen etwas trauern, wenn Sie resigniert, verbittert oder erschöpft sind …

Halten Sie inne und wenden Sie sich Ihrer Trauer, Resignation, Verbitterung oder Erschöpfung zu. Spüren Sie Ihren Atem und Ihren Körper, und fühlen Sie sie ganz bewusst. Sie werden erleben, wie erleichternd und heilend das wirkt, wenn Sie Ihr Herz für dieses Gefühl öffnen.

Sobald Sie verstanden haben, dass ein Gefühl nur ein Gefühl ist und keine Tatsache, können Sie beginnen, es bewusst zu fühlen. Spüren Sie Ihren Atem, richten Sie Ihre Aufmerksamkeit darauf, wie es sich körperlich anfühlt, dieses Gefühl zu haben, und prüfen Sie, was es von Ihrem Herzen braucht.

So paradox es klingt: Sobald Sie ein Gefühl, das Ihnen zu schaffen macht, bewusst fühlen, statt nur unter ihm zu leiden und nach Abhilfe zu suchen, werden Sie Erleichterung verspüren. Bewusstes Fühlen ist mit Körper und Atem verbunden. Wenn es nur im Kopf stattfindet, nützt es wenig.

So lösen Sie sich von Ihren Schuldgefühlen

Wenn ihr euch selbst Vorwürfe macht wegen etwas, das ihr gestern oder vor zehn Jahren getan habt, so ist das noch keine Tugend. Dann habt ihr es höchstwahrscheinlich mit künstlicher Schuld zu tun. Selbst wenn euch eine Gewalttätigkeit unterlaufen ist, so verlangt das natürliche Schuldgefühl keine Buße. Es war vielmehr (ursprünglich) als eine Vorsichtsmaßregel gedacht, als Mahnung vor dem Ereignis. »Tu das nicht wieder!« ist nur seine nachträgliche Botschaft.

Jane Roberts

Beispiel:

Ein Mensch, den ich sehr gerne habe, klingelte eines Nachts Sturm bei mir. Ich war sehr müde und sollte am nächsten Morgen früh aufstehen. Mein Besucher hatte ziemlich viel getrunken und verfiel, sobald er vor mir stand, in tiefste Schuldgefühle, weil er mich herausgeklingelt hatte. Das Aufstehen war in der Tat unangenehm gewesen, aber es war nun einmal geschehen. Man hätte ein wenig plaudern und sich dann leichten Herzens voneinander verabschieden können. Mein Freund aber wälzte sich in seinen (aufgrund des alkoholisierten Zustandes ins Unermessliche gesteigerten) Schuldgefühlen und mochte gar nicht mehr davon ablassen, mir zu schildern, wie widerlich, wie unerträglich und schlecht er sei und wie gänzlich meiner unwürdig.

Nicht nur, dass es lästig und peinlich war und dass es wehtat zu sehen, wie dieser Mensch seine Würde zertrat. Das Schlimmste war, dass ich gerne mit ihm geredet hätte. Es war jedoch hoffnungslos, irgendetwas mit ihm anzufangen, weil er sich so schuldig fühlte. Kommunikation war unmöglich.

Durch dieses Ereignis begriff ich, wie überflüssig und hinderlich Schuldgefühle sind. Ich meine damit nicht, dass man rücksichts- und skrupellos sein sollte. Wie das obige Beispiel zeigt, kann es weit rücksichtsloser sein, an seinen Schuldgefühlen festzuhalten. Ein vernünftiges Szenario ohne Schuldgefühle könnte so aussehen:

- Man hat etwas getan, das einem anderen Schaden zugefügt hat.
- Durch eigene Erkenntnis oder die Reaktion des anderen wird einem klar, dass man Schaden angerichtet hat.
- Man gesteht es sich, vielleicht auch dem anderen, ein.
- Wenn möglich, unternimmt man etwas zur Wiedergutmachung. Wenn das nicht möglich ist, kann man, um mit sich selbst ins Reine zu kommen, vielleicht ersatzweise jemand anderem etwas Gutes tun.
- Man nimmt sich vor, dergleichen nie wieder zu tun.
- Man gesteht sich zu, ebenso fehlbar zu sein wie jeder andere Mensch, und vergibt sich.

Damit kann man den Fall getrost als abgeschlossen betrachten. Wenn man an einen Gott glaubt, der jemand anders ist als man selbst, kann man sich denken, dass dieser (liebende!) Gott vor dem in Schuldgefühlen schwelgenden Menschen verzweifelt und ratlos steht. Wie soll Gott Ihnen verzeihen können, wenn Sie sich selbst nicht verzeihen? Wie soll Gott irgendetwas mit Ihnen anfangen können, wenn Sie sich seiner für unwürdig halten?

Wenn Sie nicht an einen persönlichen Gott glauben, der jemand anders ist als Sie selbst, dann können Sie jedenfalls doch fühlen, dass Schuldgefühle die Beziehung ganz empfindlich stören. Sie hindern Sie am Vorwärtsschreiten, am Erleben von Freude und Liebe und daran, sich froh und frei im

Leben zu engagieren. Und Ihr Opfer: Nützt es diesem Menschen in irgendeiner Weise, dass Sie sich schuldig fühlen? Was ihm nützen kann, ist eine klärende Aussprache und eine liebevolle Geste, aber ganz bestimmt nicht Ihr Schuldgefühl. Es sei denn, Ihr Opfer gehört zu jenen Menschen, die daraus, dass sich jemand an ihnen vergangen hat, genüsslich Kapital schlagen, um denjenigen an sich zu fesseln. Dann ist es erst recht Zeit, mit dem Schuldgefühl aufzuräumen:

1. Ihr Herz für das Schuldgefühl öffnen

Vergegenwärtigen Sie sich Ihr Schuldgefühl, indem Sie an die auslösende Situation denken (das kann das Ereignis sein, an dem das Schuldgefühl seinen Ursprung genommen hat, aber auch eines, für das Sie sich schuldig fühlen, ohne zu wissen warum).

Lernen Sie Ihr Schuldgefühl kennen. Wie fühlt es sich körperlich an? Erforschen Sie, wie es ist, sich schuldig zu fühlen. Fühlen Sie es bewusst, indem Sie Ihren Atem spüren.

Öffnen Sie Ihr Herz für Ihr Schuldgefühl. Was braucht es? Prüfen Sie, ob es auf eines der folgenden Schlüsselworte reagiert: Erbarmen, Mitgefühl, Verständnis, Anerkennung, Erlaubnis, Achtung. Dies sind Worte, die Ihr Herz bewegen können, sich dem Gefühl zu öffnen, mit dem Sie gerade bewusst in Kontakt sind.

Möglicherweise taucht ein Widerstand auf (zum Beispiel der Gedanke, für so etwas gäbe es kein Erbarmen). Lernen Sie ihn kennen. Wie fühlt sich dieser Teil? Was braucht dieses Gefühl von Ihrem Herzen? Prüfen Sie die Schlüsselworte (siehe vorheriger Absatz). Sobald Sie Ihr Herz für den Widerstand geöffnet haben, findet sich auch Platz für das Schuldgefühl in Ihrem Herzen.

2. Erkennen Sie die Schuld an (falls angebracht)

Manchmal reicht es nicht, sich um das Schuldgefühl zu kümmern, sondern man muss die Schuld auch anerkennen. Dies ist zunächst ein innerer Akt, der in manchen Fällen auch äußerlich manifestiert werden muss, indem man sich dem Menschen gegenüber, den man geschädigt hat, entsprechend äußert.

Der innere Akt der Schuld-Anerkennung kann sehr befreiend wirken.

3. Wiedergutmachung?

Prüfen Sie, ob Sie etwas tun können, um den Schaden wieder gutzumachen. Wenn dies nicht möglich ist, hilft manchmal eine stellvertretende Wiedergutmachung an anderer Stelle (etwas spenden, jemandem helfen etc.).

4. Öffnen Sie Ihr Herz für das »Opfer«

Wenn Sie sich auf diese Weise von Ihrer Identifikation mit der Idee, schuldig zu sein, befreit haben, sind Sie nun in der Lage, Ihr Herz für den Menschen zu öffnen, den Sie geschädigt haben oder dem gegenüber Sie sich schuldig fühlen. Solange Sie mit Ihrem Schuldgefühl identifiziert waren, konnten Sie das nicht. Sie hätten es nicht ertragen können, sich den Gefühlen dieses Menschen zu öffnen. Es wäre Ihnen bedrohlich erschienen.

Nun können Sie einfach an den Betreffenden denken und sich wünschen, fühlen zu können, was er/sie in der Situation, um die es geht, gefühlt hat oder vielleicht noch fühlt. Ich rede hier nicht von Mitleid, sondern von Mitgefühl: der Fähigkeit, in unserem Herzen das fühlen zu können, was ein anderer fühlt, ganz einfach, indem man sich dem öffnet.

5. Beten Sie!

Wenn Sie möchten, können Sie Gott oder Ihr höheres Selbst noch um Auflösung des karmischen Knotens bitten. Als warnenden Hinweis vor der Tat oder vor einer Wiederholung der Tat hat das Schuldgefühl eine gesunde und wichtige Funktion. Wird es aber eine bleibende Last, ist es eine ungesunde Verzerrung dieses ursprünglichen Instinkts.

So überwinden Sie Ihren Groll

Wut ist eine Schutzvorrichtung. Es ist genug, wenn ihr eure Wut erlebt. Mehr braucht ihr nicht mit ihr zu tun. Unter der Wut sitzt immer Angst und unter der Angst ist Sehnsucht verborgen.
Pat Rodegast & Judith Stanton

Jemand hat Ihnen unrecht getan. Sie gekränkt und verletzt, und Sie grollen ihm oder ihr. Der Übeltäter hat sein Unrecht nicht oder nicht genügend eingesehen und sich nie entschuldigt. Sie hatten vielleicht nie den Mut oder die Gelegenheit, Ihren Groll auszudrücken und durch eine Auseinandersetzung die Luft zu reinigen.

Von dieser Art von persönlichem Groll soll hier die Rede sein, nicht von heiligem Zorn. Sie kennen den Unterschied.

Groll kann sich in die Eingeweide fressen wie ein ätzendes Geschwür. Wenn auf dem Grunde unseres Denkens und Fühlens ein tiefer Groll sitzt, womöglich unerkannt, werden wir niemals wirklich Frieden erleben, niemals frei und souverän agieren können. Immer hält der versteckte Groll die Zügel in der Hand und zwingt uns zu den merkwürdigsten Reaktionen auch in Situationen, die mit der Person des ursprünglichen Übeltäters nichts zu tun haben.

Groll nimmt seinen Anfang immer in spontanen, ursprünglich harmlosen Emotionen wie Ärger oder Wut. Ärger und Wut sind Schutzmechanismen. Sie sollen uns vor Übergriffen anderer schützen. Wenn sie spontan aus akutem Anlass entstehen, möchten diese Gefühle geäußert werden, um dem betreffenden Menschen zu sagen: »Halt, tu das nicht, es tut mir weh.« oder »Tu das nicht wieder!« Wut und Ärger, die berechtigt aus akutem Anlass entstehen, möchten sofort geäußert werden und nicht zwanzig Jahre später, nach der hundertsten Wiederholung jenes Übergriffs, der uns auf die Palme bringt.

Um seinen Ärger sofort und frei äußern zu können, bevor er zum Groll wird, braucht man Mut und Unabhängigkeit, Geistesgegenwart und vor allem eine freundschaftliche und liebevolle Grundhaltung seinen Mitmenschen gegenüber. Wenn ich jemandem wohl gesonnen bin, halte ich ihm mein Herz offen, lasse immer Raum für die Möglichkeit, dass es eine unschuldige Erklärung für sein Verhalten gibt, und weiß überdies, dass ich ihm mein Feedback bezüglich der Folgen seiner Verhaltensweise nicht vorenthalten darf.

Bereits bestehenden Groll überwinden

So weit zu akutem Ärger. Womit wir uns im Zusammenhang mit Meditation jedoch beschäftigen wollen, ist bereits bestehender Groll, den Sie auch bei allerbestem Willen nicht ausrotten konnten. Hier kann Meditation helfen.

Solcher Groll braucht vor allem eines: Er will gefühlt werden. Damit ist es meist schon genug. Das ist aber gar nicht so leicht, denn statt ihn zu fühlen, denken wir um ihn herum wie um einen heißen Brei. Setzen wir uns also hin, fühlen unseren Groll bewusst und stellen fest, was er von unserem Herzen braucht. (Körperzentrierte Herzensarbeit.)

So lösen Sie Ihre Beziehungsprobleme

Sie waren die ganze Zeit frei.
Sie wussten es nur nicht.
Pir Vilayat Khan

Vieles von dem, was in anderen Kapiteln gesagt wurde, bezieht sich auf zwischenmenschliche Beziehungen. Wenn es ein Problem in Ihrer Beziehung gibt, über das Sie meditieren möchten, so prüfen Sie bitte erst, ob eines der übrigen Kapitel auf Ihre Situation zutrifft, bevor Sie das folgende lesen. Was an anderer Stelle gesagt wird (beispielsweise über Schuldgefühle und Groll), wird hier nicht wiederholt.

Je größer die Liebe, desto größer ist ihre Kraft, unbewusste Ängste und Schmerzen ans Tageslicht zu bringen. Solange wir jedoch in Projektionen (man verwechselt den Partner unbewusst mit Vater oder Mutter) und Schuldzuweisungen (der andere ist schuld und soll etwas ändern) stecken bleiben, nutzen wir die Chance nicht, die diese Konfrontation uns bietet.

Jedes Problem, das Ihre Beziehung aufwirft, kann sich als Gelegenheit erweisen, sich eines Gedankens oder Gefühls bewusst zu werden, der oder das Sie Ihr Leben lang, ohne dass Sie es gemerkt haben, beherrscht hat. Jedes Problem Ihrer Beziehung kann, wenn Sie es als Chance nutzen statt als Störenfried abzuschieben versuchen, zur Heilung einer alten seelischen Verletzung führen und zu einer Erweiterung und Vertiefung Ihrer Beziehung beitragen.

Entscheidend ist, dass Sie nicht im Schimpfen oder Lamentieren oder Entwerfen von Flucht- oder Racheplänen stecken bleiben, sondern die Bereitschaft aufbringen, sich Ihrer tieferen Gedanken und Gefühle bewusst zu werden und aus ihnen zu erwachen. Hier kann Meditation Ihnen helfen, Klarheit zu schaffen.

Je nachdem, ob Ihr Partner ebenfalls meditiert oder zu dieser Übung bereit ist oder nicht, können Sie alleine oder gemeinsam über Ihr Problem meditieren.

Gemeinsam lassen sich umfassendere Veränderungen einleiten als alleine. Dennoch: Auch alleine können Sie viel bewegen. Wenn Sie sich selbst verändern, dann verändert sich die ganze Lage. Ihr Partner muss sich auf diese gewandelte Situation in irgendeiner Weise einstellen, auch wenn Sie Ihre Meditation geheim halten.

Ohnehin ist es nicht ratsam, einen Menschen, der nicht meditiert, mit den Erlebnissen und Ergebnissen eigener Meditation und Kontemplation zu konfrontieren. Man läuft Gefahr, die Kraft, die man durch die Meditation gewonnen hat, wieder zu verlieren, wenn man davon erzählt, denn man setzt seine intimsten, heiligsten Erlebnisse der Kritik aus, möglicherweise werden Sie sogar lächerlich gemacht. Und vor allem kann man das, was man erlebt oder erkannt hat, so gut wie überhaupt nicht in zufrieden stellender Weise mitteilen.

Ihr Partner hat also nicht nur nichts von Ihren Erzählungen, sondern fühlt sich möglicherweise sogar herabgesetzt, minderwertig oder ist eifersüchtig, weil er diese wunderbaren Erlebnisse nicht hat. Bitte überreden Sie Ihren Partner auch nicht dazu, gemeinsam zu meditieren. Wenn es Ihnen sinnvoll erscheint, schlagen Sie es vor, lassen Sie ihn aber auf jeden Fall frei entscheiden. Es muss keineswegs jeder Mensch von den Segnungen der Meditation überzeugt sein. Es gibt Menschen, für die die Meditation nicht geeignet ist. Manche verfolgen ganz andere Zwecke im Leben. Es gibt auch Menschen, die von allein und auf ganz natürliche Weise meditieren, ohne die

Beine zu kreuzen und zu sagen: »Ich meditiere.« Und es gibt Menschen, die keine Meditation brauchen.

Wenn Sie und Ihr Partner beide meditieren und an einer Verbesserung der Beziehung auf diesem Wege interessiert sind, empfehle ich, dass jeder täglich alleine meditiert und dass Sie darüber hinaus regelmäßig (in einem Rhythmus, den Sie gemeinsam festlegen) gemeinsam meditieren – und zwar nicht nebeneinander, sondern einander gegenübersitzend und aufeinander bezogen.

Alleine meditieren

Der nun folgende Vorschlag für die Meditation alleine ist sowohl geeignet, wenn Sie als einzige(r) auf diese Weise an den Problemen Ihrer Beziehung arbeiten, als auch für den Fall, dass beide Partner meditieren.

Erster Schritt:

Klären Sie Ihren emotionalen Anteil an dem Problem mit der Technik der körperzentrierten Herzensarbeit. Hierbei können Sie entweder so vorgehen, dass Sie sich ausführlich um dasjenige Gefühl kümmern, das zurzeit im Vordergrund steht und Ihnen am meisten zu schaffen macht und die übrigen, tiefer liegenden bis zur nächsten Sitzung vertagen. In diesem Fall wird es darum gehen, Ihr Herz für dieses Gefühl zu öffnen und anschließend im Zusammensein oder der Konfrontation mit Ihrem Partner zu üben, dieses Gefühl bewusst zu fühlen, statt es zu verdrängen oder auszuagieren. Beobachten Sie, wie sich die Situation ändert, wie Ihr Verhalten oder Ihr Gefühl sich ändert und welche Reaktion von Ihrem Partner kommt. Falls diese ihrerseits eine Reaktion in Ihnen auslöst, nehmen Sie auch dieses Gefühl bewusst wahr.

Es ist aber auch denkbar, dass Sie sich in dieser Meditation so viel Zeit nehmen können und Ihre Bereitschaft, der Sache auf den Grund zu gehen, so groß ist, dass Sie sich durch alle oberflächlichen Emotionen zu Ihrem Schmerz hindurchfühlen – zu dem, was Ihnen wehtut. Sobald Sie diesen Schmerz bewusst fühlen können, statt ihm auszuweichen, und ohne in ihm unterzugehen, ist die Angelegenheit für Sie kein Drama mehr, und Sie haben kein Problem mehr mit dem Verhalten Ihres Partners, da Sie erkannt haben, dass er lediglich mit seinem Verhalten den Anstoß dazu gegeben hat, dass Sie eine alte seelische Wunde entdecken und heilen konnten.

Zweiter Schritt:

Öffnen Sie, wenn möglich, Ihr Herz für Ihren Partner. Hierzu werden Sie erst in der Lage sein, wenn Sie Schritt eins vollzogen und Ihr Herz für zumindest eines Ihrer eigenen Gefühle geöffnet haben. Wenn Wut oder Groll vorhanden ist, muss dieses Gefühl zuerst gewürdigt werden, bevor Sie Ihr Herz für Ihren Partner öffnen können. Wenn Ihr Herz (für Ihre eigenen Gefühle) offen ist, brauchen Sie nur mit dem aufrichtigen Wunsch, zu verstehen, wie Ihr Partner sich fühlt, an ihn oder sie zu denken, und Sie werden einen mehr oder weniger deutlichen Eindruck von dem Gefühl des anderen in Ihrem eigenen Herzen wahrnehmen können. Man fühlt einfach, was der andere fühlt, ist sich aber dessen bewusst, dass es nicht das eigene Gefühl ist, sondern das des Partners. Das ist Mitgefühl – die natürliche Fähigkeit des Herzens, wenn es offen ist.

Auf den Partner meditieren

Auch diese Übung wird Ihnen nur möglich sein, wenn Sie vorher Ihr Herz für Ihre eigenen Gefühle geöffnet haben.

Die Technik

1. Spüren Sie Ihren Atem und Ihren Körper.
2. Nehmen Sie sich einige Augenblicke Zeit, um sich in einen gesammelten, entspannten Zustand zu versetzen.
3. Denken Sie an Ihren Partner. Lassen Sie ein Bild von ihm/ihr vor Ihrem geistigen Auge auftauchen.
4. Verneigen Sie sich vor ihm oder ihr. Dieser Schritt hilft Ihnen, sich an das wahre – göttliche – Wesen des anderen zu erinnern und die Übung mit Respekt auszuführen.
5. Versetzen Sie sich nun in dieses Bild hinein. Wünschen Sie sich, zu erleben, wie es ist, der/die andere zu sein. Versetzen Sie sich buchstäblich in seine/ihre Haut und Perspektive.
6. Nehmen Sie wahr, wie sich das körperlich anfühlt und wie sich Ihre Atmung verändert.
7. Nehmen Sie wahr, wie Sie sich als der andere fühlen.
8. Wenn das Bedürfnis aufkommt, öffnen Sie Ihr Herz für dieses Gefühl.
9. Verweilen Sie einfach in der Gegenwart des anderen, leeren Sie Ihren Geist, und überlassen Sie sich der Meditation.
10. Bevor Sie diese Übung abschließen, lösen Sie sich bewusst von Ihrem Partner, und kommen Sie zu sich zurück. Spüren Sie Ihren Atem und Ihren Körper.
11. Verneigen Sie sich.

Die Herz-zu-Herz-Brücke

Die Technik

1. Versetzen Sie sich in einen meditativen Zustand.
2. Spüren Sie Ihren Atem und Ihren Körper.
3. Denken Sie an Ihren Partner/Ihre Partnerin. Lassen Sie ein Bild von ihm/ihr vor Ihrem geistigen Auge entstehen. Stellen Sie sich vor, er/sie säße vor Ihnen.
4. Verneigen Sie sich.
5. Lenken Sie Ihre Aufmerksamkeit auf Ihr Herz.
6. Spüren Sie Ihren Atem, und verweilen Sie einen Augenblick bei Ihrem Herzen, und nehmen Sie wahr, wie sich das anfühlt.
7. Wenden Sie sich dann, während Sie weiter Ihr Herz und Ihren Atem spüren, Ihrem Partner zu, und stellen Sie sich vor, wie Ihr Herz und seines sich durch eine Lichtbrücke verbinden. Diese Lichtbrücke symbolisiert die Fähigkeit der Herzen, miteinander direkt zu kommunizieren.
8. Verweilen Sie bei dieser Vorstellung, ohne etwas zu tun. Spüren Sie Ihren Atem, und lassen Sie die Meditation wirken.
9. Schließen Sie sie ab, indem Sie Ihren Atem und Ihren Körper spüren und sich vor Ihrem Partner verneigen.

Beziehen Sie höhere Ebenen mit ein

Die Technik

1. Denken Sie an Ihren Partner/Ihre Partnerin. Lassen Sie ein Bild von ihm/ihr vor Ihrem geistigen Auge entstehen. Stellen Sie sich vor, er/sie säße vor Ihnen.
2. Verneigen Sie sich.
3. Rufen Sie sich die Gegenwart Ihres höheren Selbst in Erinnerung (der Teil Ihrer selbst, der nicht in die Identifikation mit dem Körper und der Person eingesperrt ist, der über allen menschlichen Gefühlen, Verstrickungen und Verwicklungen steht und alles aus einer höheren, überpersönlichen Perspektive sieht und erlebt), und stellen Sie sich dieses höhere Selbst über Ihrem Körper vor, als etwas, das in die Unendlichkeit hinaufreicht.
4. Stellen Sie sich das höhere Selbst Ihres Gegenübers in der gleichen Weise vor.
5. Visualisieren Sie, wie diese beiden Wesen irgendwo hoch oben in der Unendlichkeit eins werden. Sie können sich Gott oder die Einheit auch als Sonne vorstellen und Ihre jeweiligen individuellen Wesen als Strahlen dieser Sonne.
6. Machen Sie sich auf diese Weise bewusst und bestätigen Sie, dass alles, was in Ihrer Beziehung geschieht, vom göttlichen Pol aus gesteuert wird. Legen Sie die gesamte Beziehung in die Hände Gottes oder Ihres höheren Selbst.
7. Stellen Sie anschließend die Lichtbrücke von Herz zu Herz her.
8. Bevor Sie die Übung abschließen, erden Sie sich, indem Sie Ihren Körper, Ihren Atem, den Bodenkontakt und Ihre Füße spüren und verneigen Sie sich.

Gemeinsames Meditieren

Bevor Sie gemeinsam mit Meditationstechniken welcher Art auch immer ein Problem betrachten, in das Sie miteinander verwickelt sind, klären Sie bitte Ihren jeweiligen emotionalen Anteil mit der Technik der körperzentrierten Herzensarbeit. Sie können dies allein tun, was bei einem akuten Problem manchmal leichter ist, oder auch gemeinsam als Partnerübung. Hierzu gehen Sie durch dieselben Schritte, wie im Kapitel über die körperzentrierte Herzensarbeit geschildert, nur dass Ihr Partner oder Ihre Partnerin Sie durch Fragen oder Anleitungen darin unterstützt. Dies empfehle ich aber nur Menschen, die bereits Erfahrungen mit der körperzentrierten Herzensarbeit haben und mit den Schritten vertraut sind. (Die Partnerübung habe ich in meinem Buch »Das Tao des Herzens« ausführlich geschildert.)

Die Herz-zu-Herz-Brücke

Diese weiter oben geschilderte Technik lässt sich genauso zu zweit durchführen.

Beziehen Sie höhere Ebenen mit ein

Auch diesen Schritt können Sie gemeinsam tun (siehe weiter oben).

Gibt es in einer Angelegenheit verschiedene Standpunkte, und Sie möchten auf meditativem Wege herausfinden, welches die beste Sichtweise ist (wobei es sich um eine Beziehungsangelegenheit handeln kann oder um eine gemeinsam zu treffende Entscheidung in Bezug auf äußere Angelegenheiten), schlage ich folgende Meditation vor:

Die Technik

1. Einander gegenübersitzend, nehmen Sie Ihre Meditationshaltung ein und schließen die Augen.
2. Begeben Sie sich in einen meditativen Zustand.
3. Fühlen Sie Ihren Körper, Ihren Atem, Ihre Stimmung.
4. Konzentrieren Sie sich auf Ihr energetisches Herzzentrum in der Mitte der Brust. Schalten Sie im Geist das Licht im Herzen ein, lassen Sie es hell und warm werden. Bilden Sie eine Lichtbrücke von Ihrem Herzen zum Herzen des Partners.
5. Ohne diese Verbindung aufzugeben, heben Sie Ihre Aufmerksamkeit nun in die Mitte des Kopfes. Fühlen Sie eine Öffnung, die nach oben durch den Scheitel ins Freie führt.
6. Halten Sie die Aufmerksamkeit in der Mitte des Kopfes zentriert, und nehmen Sie in Ihrer Vorstellung einen erhöhten Standpunkt ein: Fliegen oder schweben Sie in die Höhe, und erklimmen Sie einen hohen Berg.
7. Halten Sie inne, wenn Sie einen erhöhten Standpunkt gefunden haben, bei dem Sie verharren können.
8. Ohne Ihre Höhe zu verlieren, schauen Sie nun auf die Erde oder Ebene zurück. Bitten Sie Ihr höheres Selbst, Ihnen Klarheit zu geben. Lassen Sie dort unten, ein Bild der Angelegenheit, um die es geht, vor Ihrem geistigen Auge entstehen. Atmen Sie durch Ihr geistiges Auge, das sich in der Mitte der Stirn befindet und lassen Sie geschehen, was immer geschieht.

9. Wenn Sie mit den Augen des Herzens schauen möchten, dann versetzen Sie sich in Ihr energetisches Herzzentrum in der Mitte der Brust hinein. Zentrieren Sie Ihr Bewusstsein und Ihren Atem dort. Schalten Sie erneut das Licht im Herzen ein.
10. Betrachten Sie die neue Situation mit den Augen des Herzens. Bleiben Sie im Herzen zentriert und stellen Sie sich vor, dass ein Lichtstrahl, der von Ihrem Herzen ausgeht, auf die Situation fällt. Sie können Bilder auftauchen sehen, oder Ahnungen, Gefühle, Gedanken, die Ihnen Aufschluss geben.
11. Wenn Sie die Sitzung beenden möchten, bleiben Sie noch eine Weile still sitzen, bevor Sie die Augen öffnen. Warten Sie dann, ohne Ihren Partner direkt anzusehen, ab, bis dieser die Augen öffnet (wenn Sie ihn dabei ansehen, dann spürt er das und unterbricht seine Meditation).
12. Verneigen Sie sich voreinander.

Teilen Sie einander Ihre Eindrücke oder Erkenntnisse mit. Kommentieren Sie die Eindrücke, die Ihr Partner gewonnen hat, möglichst nicht. Vor allem: Stellen Sie sie auf keinen Fall in Frage oder setzen die Ihren dagegen. Wenn Ihre Eindrücke sich voneinander unterscheiden, betrachten Sie sie bitte als einander ergänzend.

Jeder hat seine Art innerer Wahrnehmung, und jede ist gültig und aussagekräftig.

Nach diesem Austausch suchen Sie bitte nach Möglichkeit nicht sofort nach einer konkreten Lösung des fraglichen Problems. Wenn möglich, schlafen Sie zumindest eine Nacht darüber, bevor Sie sich wieder zusammensetzen, um konkrete Beschlüsse zu fassen (falls das überhaupt notwendig ist).

Ergänzender Vorschlag für gemeinsame meditative Übungen

Dieses kleine Ritual können Sie überall praktizieren, ob Sie sich während eines Spaziergangs für einen Augenblick auf einer Bank oder einem Baumstumpf niederlassen oder zu Hause sind. Bereits ein bis zwei Minuten gemeinsamer Stille können zu einer Klärung und mehr Harmonie beitragen.

Gemeinsam still sitzen

Sitzen Sie nebeneinander oder einander gegenüber, und schließen Sie die Augen. Spüren Sie Ihren Atem und die Präsenz des anderen, und tun Sie nichts. Versenken Sie sich einfach in die Gegenwart.

Wie Meditation bei Liebeskummer helfen kann

All eure Beziehungen haben ihre Wurzeln in einer tieferen Existenzebene jenseits von Raum und Zeit; dort sind sie verankert und geborgen.
Safi Nidiaye
in: »Liebe ist mehr als ein Gefühl«

Liebeskummer ist von allen in diesem Buch angesprochenen Problemen dasjenige, das sich am allerwenigsten für Patentrezepte eignet. Gäbe es eines – irgendeinen Trick, der Ihren Liebeskummer wegzaubert –, Sie würden es womöglich gar nicht haben wollen. Ist nicht vielleicht Ihr Kummer das Einzige, das Sie mit dem/der entschwundenen Geliebten verbindet? Und ist er nicht kostbar?

Liebeskummer kann uns schwach, krank, verrückt, lebens- und arbeitsunfähig machen. Wie bei jedem Problem und Leiden kann Meditation helfen, indem sie den Prozess der Klärung, Loslösung und Heilung in Gang setzt.

Sollten Sie jede Hoffnung verloren haben, den geliebten Menschen je wieder zu sehen: In meinem Buch »Liebe ist mehr als ein Gefühl« finden Sie Botschaften aus höheren Dimensionen des Bewusstseins, in denen erklärt wird, dass uns letztlich kein Mensch im Universum je verloren gehen kann. Diese Tatsache können Sie in der Meditation erleben (selbst dann, wenn der geliebte Mensch das Leben im physischen Körper schon beendet hat). Ich habe die Gegenwart meines Vaters und meiner Großmutter deutlich erlebt, nachdem diese gestorben waren, und viele andere Menschen hatten solche Erlebnisse. Wenn Sie sich in der Meditation darauf einstellen, können Sie Kontakt mit einem nahe stehenden »Verstorbenen« aufnehmen und zumindest einen Eindruck davon bekommen, wie es ihm oder ihr geht. Sie können ihm oder ihr auch etwas mitteilen, wenn Ihnen das wichtig ist.

Dieses Kapitel ist für Menschen gedacht, die unglücklich lieben, verlassen wurden oder mit dem oder der Geliebten aus welchem Grund auch immer nicht zusammen sein können oder dürfen.

Meditation kann Klarheit, Trost, Gelassenheit und ein Gefühl von Liebe und Verbundenheit schenken. Sei es, dass diese Gefühle sich sofort während der Meditation einstellen, sei es, dass ein Prozess eingeleitet wird, der dazu führt. Etwas wird immer in Gang gesetzt, wenn Sie meditieren – etwas Gutes. Denn Sie erlauben einer tieferen Schicht Ihres eigenen Wesens, die weiser ist als Ihr persönliches Bewusstsein, die Führung zu übernehmen.

Leiden und Probleme sind nicht einfach lästige Störungen, sondern Katalysatoren für schöpferische Entwicklung. Überdies können sich genau die Umstände, unter denen wir gegenwärtig leiden, später als Glück bringend erweisen. Und: Gefühle wandeln sich. Aus mancher rasenden Verliebtheit ist schon eine heitere Freundschaft geworden.

Worunter wir leiden, wenn unsere Liebe kein Echo findet (sei es, weil wir nicht wiedergeliebt werden, sei es, weil der Geliebte aus unserem Blickfeld verschwunden ist), ist nicht die Liebe, sondern das Begehren, das Habenwollen. Man kann sich nicht zwingen, *nicht* haben zu wollen, was man haben will. Aber man kann sich zur Wahrheit seines Lebens bekennen. Man kann Freundschaft schließen mit dem, was ist, und beschließen, dem Leben trotz allem zu vertrauen. Schließlich ist es mein Leben – warum sollte es sich gegen mich richten?

Meditation über den Liebeskummer

So traurig, unglücklich oder tief getroffen Sie auch sein mögen: Das, woran Sie leiden, ist nicht die Tatsache, dass der oder die Liebste aus Ihrem Leben verschwunden ist, sondern Ihr Schmerz darüber. Sie leiden nicht an einer Tatsache, sondern an einem Gefühl. Das zu erkennen, ist der Anfang der Befreiung. Die Tatsache können Sie wahrscheinlich nicht ändern. Das Gefühl aber können Sie bewusst fühlen, statt unter ihm zu leiden. Sie müssen sich nicht mit ihm identifizieren. Mit der Technik der körperzentrierten Herzensarbeit können Sie Ihren Schmerz, Ihre Traurigkeit und alle Gefühle, die damit verbunden sind, im Körper aufspüren, bewusst fühlen und ihnen Ihr Herz öffnen. Denken Sie einfach an den Menschen, den Sie verloren haben, und nehmen Sie alle Gefühle wahr, die dabei auftauchen, eines nach dem anderen. Erleben Sie sie als körperliche Realität und stellen Sie fest, was sie von Ihrem Herzen brauchen.

Verfahren Sie auf diese Weise mit allen Gefühlen, die auftauchen, so lange, bis Sie mit Ihrem eigentlichen Schmerz in Berührung kommen – beispielsweise mit dem Schmerz darüber, verlassen oder im Stich gelassen, verraten oder gedemütigt worden zu sein, oder mit dem Schmerz der Ungerechtigkeit oder des Nichtverstehens, oder mit dem Gefühl der Sinnlosigkeit oder Einsamkeit. Dieser Schmerz ist Ihr wahres Gefühl. Machen Sie sich klar, dass es ein Gefühl ist und dass ein Gefühl etwas ist, das man wahrnehmen kann, statt in ihm zu ertrinken. Spüren Sie Ihren Atem, nehmen Sie sich vor, diesen Schmerz kennen zu lernen, und erleben Sie ihn bewusst. Auf diese Weise können Sie die Verletzung heilen und sich von der Angst vor diesem Schmerz befreien.

Zum Schluss halten Sie Ausschau nach der Sehnsucht, die unter diesem Schmerz begraben liegt. Wonach sehnen Sie sich? Können Sie diese Sehnsucht definieren (zum Beispiel »Sehnsucht nach Geborgenheit«), oder kann sie nur von der betreffenden Person erfüllt werden? Öffnen Sie Ihr Herz für diese Sehnsucht. Was auch immer Ihr Verstand dazu sagt: Diese Sehnsucht ist Ihr wahres Gefühl, und Ihr Herz weiß das und kann ihr geben, was sie braucht: Anerkennung, Erlaubnis, Raum, Achtung oder Befreiung.

Wie geht es weiter?

Wenn Sie sich über Ihre Gefühle klar werden wollen, können Sie sich in meditativem Zustand einige Fragen vorlegen. Diese Fragen bitte nicht beantworten, sondern Ihre Vorstellungskraft arbeiten lassen, um zu den wahren Antworten zu finden.

Die Technik

1. Begeben Sie sich in einen meditativen Zustand.
2. Fragen Sie sich: Möchte ich frei sein und diese Beziehung loslassen? Stellen Sie sich vor, Sie wären frei: befreit von den Emotionen, die Sie an die andere Person binden; befreit von Erinnerung und Leid; befreit von banger Hoffnung. Sie sind frei, um zu neuen Ufern aufzubrechen. Ein neues Leben liegt vor Ihnen, das ganz allein Ihnen gehört. Stellen Sie sich das bitte in aller Deutlichkeit vor. Sehen Sie es nicht als Film vor Ihren Augen ablaufen, sondern seien Sie mittendrin. Erleben Sie sich als frei.

3. Stellen Sie sich als Nächstes vor, durch Ihre Gefühle und Erinnerungen weiterhin an diese Person gebunden zu sein. Stellen Sie sich eine Zukunft unter dieser Bedingung vor, und erleben Sie sich darin. Wie fühlen Sie sich?
4. Bei welcher Vorstellung haben Sie sich erleichtert gefühlt? Lassen Sie Ihren Verstand, Ihre Urteile, Ihre Vorstellung von dem, was richtig wäre, aus dem Spiel. Fühlen Sie nur. Bei welcher Vorstellung kommt Freude und Erleichterung auf?

Wie immer das Ergebnis aussieht: Es ist Ihre augenblickliche Wahrheit. Machen Sie sich diese Wahrheit bewusst, akzeptieren sie, und beschließen Sie, dazu zu stehen, mit allen Konsequenzen.

Wenn Sie sich über die Hintergründe und den Sinn der Situation klar werden wollen

Manchmal verspürt man das Bedürfnis, zu verstehen, warum die Dinge so sind, wie sie sind. (Achtung: Möglicherweise leiden Sie daran, die Situation nicht zu verstehen. In diesem Fall müssen Sie zuerst für Ihr Gefühl des Nichtverstehens Ihr Herz öffnen. ›Nichtverstehen‹ ist auch ein Gefühlszustand. Wie fühlt er sich körperlich an? Was braucht er von Ihrem Herzen? Zugelassen werden? Da sein dürfen? Erbarmen?) Eine Betrachtung aus einer sehr hohen Perspektive kann Ihnen möglicherweise Hinweise zum besseren Verständnis der Situation geben.

Die Technik

1. Begeben Sie sich in einen meditativen Zustand.
2. Vergegenwärtigen Sie sich die Situation. Vergegenwärtigen Sie sich Ihre Emotionen. Fühlen Sie, was Sie fühlen.
3. Lassen Sie im Geist ein Bild Ihres/Ihrer Geliebte/n vor sich hin. Nehmen Sie wahr, was Sie fühlen.
4. Wenn Sie den Wunsch danach verspüren, drücken Sie Ihre Gefühle aus. Sie können beispielsweise zu Papier und Stift greifen (wobei die Sitzung nicht beendet, sondern nur unterbrochen wird) und einen Brief schreiben, der nicht zum Abschicken gedacht ist. Teilen Sie dem betreffenden Menschen alles mit, was Sie ihm immer schon mitteilen wollten, frei von Zensur, ohne Rücksicht auf Wirkung, weil Sie den Brief ja nicht abschicken werden. (Vernichten Sie ihn nach der Meditation.)
5. Legen Sie das Papier zur Seite, schließen Sie die Augen, und entspannen Sie sich.
6. Lösen Sie sich von der Situation, indem Sie sich erheben und im Geist ins Freie fliegen. Werfen Sie mit jedem Ausatmen Ballast ab – Trauer, Schwere, Erinnerung – und richten Sie sich mit jedem Einatmen mehr auf, mit der Vorstellung, sich aus alledem zu erheben. Fliegen Sie ins Freie. Gewinnen Sie ein Gefühl von Höhe, Abstand und Freiheit. Genießen Sie es.
7. Erst wenn Sie dieses Gefühl ausgiebig genossen haben, blicken Sie auf Ihre Lebenssituation zurück, auf den gegenwärtigen Stand Ihrer Beziehung zu dem betreffenden Menschen. Lassen Sie nicht zu, von der Schwerkraft in die Situation hinuntergezogen zu werden. Beobachten Sie sie

aus der Höhe, mit großem Abstand. Bleiben Sie Ihres Atems bewusst und beobachten Sie, was geschieht. Stellen Sie sich darauf ein, einen Eindruck von der Situation zu bekommen, von ihren Hintergründen, ihrem Sinn. Vielleicht entdecken Sie auch so etwas wie einen Zweck. Vielleicht entdecken Sie aber auch nichts weiter als Ihre Unabhängigkeit von der Situation – was vielleicht das Wertvollste ist, das Sie entdecken können.

8. Verankern Sie Ihr Erlebnis gut in Ihrem Bewusstsein, bevor Sie die Meditation beenden. Erwarten Sie nicht von sich, fortan ständig im Zustand dieser Erkenntnis zu bleiben und völlig frei von Leid und Kummer zu sein. Was Sie jedoch mit Recht erwarten können, ist, dass die gewonnene Erkenntnis sich von nun an in Ihrem Leben auszuwirken beginnt und Früchte trägt.

Mit den Augen des Herzens sehen

Man sieht nur mit dem Herzen gut,
das Wesentliche ist für das Auge unsichtbar.
Antoine de Saint-Exupéry
in: »Der kleine Prinz«

Dies ist eine Alternative zur soeben geschilderten Methode. Sie können beide ausprobieren oder diejenige Technik wählen, die Ihnen sympathischer ist.

Die Technik

1. Begeben Sie sich in einen meditativen Zustand.
2. Konzentrieren Sie Ihre Aufmerksamkeit im Solarplexusbereich. Fühlen Sie in Ihre Körpermitte hinein: Nehmen Sie Ihre Emotionen, Ihre Empfindungen, Ihre Stimmung und Ihren körperlichen Zustand wahr.
3. Denken Sie an die Situation, um die es geht. Vergegenwärtigen Sie sich die Lage und Ihre Gefühle sehr deutlich und ohne in Beurteilung, Erinnerung und Zukunftsprojekte auszuweichen. Es geht um die Gegenwart, um das, was jetzt ist. Wie fühlt es sich an? Denken Sie nicht darüber nach, sondern fühlen Sie.
4. Ziehen Sie Ihre Aufmerksamkeit nun ein Stück höher im Herzzentrum in der Mitte Ihrer Brust zusammen. Fühlen Sie Ihr Herz. Schalten Sie im Geist darin das Licht ein. Lassen Sie es in Ihrem Herzen ganz hell werden. Fühlen Sie Wärme und Licht.
5. Richten Sie nun einen Lichtstrahl aus Ihrem Herzen wie einen Scheinwerfer auf die Situation, um die es geht. Stellen Sie sich vor, dass das Herz Augen hat. Schauen Sie mit den Augen des Herzens auf die Situation, und beobachten Sie, was geschieht. Wahrscheinlich gewinnen Sie nun einen Eindruck, der überraschend anders ist als Ihre gewöhnliche Wahrnehmung, und Ihnen wird etwas sehr Bedeutsames und Erleichterndes oder Tröstliches offenbar.
6. Verankern Sie diesen Eindruck gut in Ihrem Bewusstsein, bevor Sie die Meditation beenden.
7. Legen Sie die Handflächen vor dem Herzen aneinander.

Die Verbindung spüren

Ob eine Beziehung rund und abgeschlossen ist oder noch nicht vollendet; ob sie aktiv ist oder schlummert; ob sie nur eine Fiktion ist, genährt aus Erinnerungen und Vorstellungen, oder eine aktuelle Realität: Das lässt sich fühlen. Dieses intuitive Wissen ist eigentlich immer vorhanden. Es kann aber verborgen sein. Meditation hilft Ihnen dabei, es aufzudecken.

Wenn Sie also aus der Entfernung Verbindung mit dem geliebten Menschen aufnehmen möchten, empfehle ich folgende Meditation:

Die Technik

1. Begeben Sie sich in einen meditativen Zustand.
2. Konzentrieren Sie Ihre gesamte Aufmerksamkeit im Herzen, das heißt, im energetischen Herzzentrum in der Mitte Ihrer Brust. Fühlen Sie Ihr Herz. Schalten Sie im Geist das Licht in Ihrem Herzen ein. Lassen Sie es warm und hell werden.
3. Vergegenwärtigen Sie sich die andere Person. Lassen Sie ein Bild oder einen klaren gefühlsmäßigen Eindruck von ihr in Ihrem Bewusstsein auftauchen.
4. Stellen Sie eine Brücke von Ihrem Herzen zum Herzen des anderen her, am besten in Gestalt eines Lichtstrahls.
5. Entspannen Sie sich. Halten Sie Ihr Herzzentrum, den Lichtstrahl und die Präsenz des anderen Menschen im Bewusstsein, und machen Sie sich passiv. Atmen Sie ruhig und entspannt. Machen Sie Ihren Geist leer und empfänglich, wenn Sie Informationen erhalten möchten – einen Eindruck von dem, was der andere fühlt, einen Eindruck

vom Zustand der Beziehung.
Machen Sie sich jedoch aktiv, wenn Sie dem anderen Liebe und gute Wünsche schicken möchten.

6. Beenden Sie die Meditation, indem Sie den anderen in Ihr Herz aufnehmen und aus Ihrem Kopf entlassen. Kommen Sie ganz zu sich, bevor Sie die Augen öffnen.

Der Kontakt kann auf Anhieb stattfinden, es kann aber auch sein, dass Sie einige Übung in Meditation brauchen, um ihn fühlen zu können. Es funktioniert nicht, wenn Sie es nicht schaffen, sich wirklich auf die Ebene des Herzens zu begeben, auf der die reine Liebe herrscht, sondern im schmerzhaften Krampf des Unbedingt-haben-Wollens gefangen sind. Wenn dies der Fall ist, wiederholen Sie bitte die zuvor geschilderten Schritte, bevor Sie den Herz-zu-Herz-Kontakt erneut aufnehmen.

Die Ernte einfahren

Es ist schwer sich von einer Erfahrung zu lösen, wenn man nicht ganz bewusst ihre Essenz in sich aufgenommen hat. Das ist das, was von allen Begegnungen, Ereignissen und Erlebnissen bleibt: die Essenz. Die Essenz einer Sache in sich aufzunehmen heißt, sie zu verewigen. Wenn Sie ihr Wesen in Ihrem Inneren verewigt haben, dann können Sie die äußere Form leichter loslassen.

Die Technik

1. Begeben Sie sich in einen meditativen Zustand.
2. Vergegenwärtigen Sie sich Ihre Begegnung oder Beziehung mit dem Menschen, den Sie unglücklich lieben. Betrachten Sie, was Sie von diesem Menschen oder durch diese Begegnung gelernt haben, was Sie inspiriert hat und in welcher Weise Ihre Persönlichkeit bereichert wurde. Nehmen Sie die Essenz dieser Lektionen, Erfahrungen und Qualitäten tief in Ihr Wesen auf (das können Sie mit jedem Einatmen verbinden).
3. Konzentrieren Sie Ihre Aufmerksamkeit in Ihrem energetischen Herzzentrum in der Mitte Ihrer Brust. Vergegenwärtigen Sie sich nochmals Ihre Begegnung oder Beziehung mit dem geliebten Wesen. Sehen Sie sie diesmal als Ganzes, etwa wie eine Blume, und nehmen Sie die Essenz dieses Ganzen wie den Duft einer Blüte in Ihr Herz auf (auch das können Sie mit dem Einatmen verbinden). Wenn Sie die Essenz tief in sich eingesogen haben, dann entlassen Sie die Erinnerung an die Begegnung oder Beziehung aus Ihrem Kopf.
4. Immer noch im Herzen zentriert, vergegenwärtigen Sie sich den Menschen, den Sie lieben, und nehmen sein Wesen in Ihr Herz auf. Entlassen Sie ihn anschließend aus Ihrem Kopf.
5. Kommen Sie ganz zu sich selbst zurück, bevor Sie die Meditation beenden.

Wie Sie den Erfolg Ihrer Projekte durch Meditation fördern können

Um einem Projekt in dieser Welt zum Erfolg zu verhelfen, wird manchmal mehr benötigt als einfach nur eine gute Idee und die materiellen Mittel, sie an den Mann zu bringen. Manchmal steht all dies zur Verfügung, und trotzdem will der Erfolg sich nicht so recht einstellen. Hier können folgende Schritte helfen:

1. Die Gefühle klären (körperzentrierte Herzensarbeit)

Die Technik der körperzentrierten Herzensarbeit habe ich an anderer Stelle bereits ausführlich erklärt. Dennoch gebe ich Ihnen nachfolgend einige spezifische Anregungen, wie Sie mit ihrer Hilfe dieses Thema klären können.

Die Technik

1. Machen Sie sich alle mit der Situation verbundenen Gefühle bewusst, lösen Sie sich aus der Identifikation mit ihnen, und öffnen Sie Ihr Herz für sie.
   Mögliche Gefühle: die Hoffnung auf Erfolg; die Sehnsucht nach Erfolg; die tiefere Sehnsucht dahinter: Sehnsucht nach Anerkennung? Wertschätzung? Respekt? Geliebt werden? Gesehen werden? Reichtum? Unabhängigkeit? Dann alle Gefühle, die damit verbunden sind, dass der Erfolg auf sich warten lässt: Ratlosigkeit; Ohnmacht; Selbstzweifel; Ungeduld; Enttäuschung; Resignation; Eifersucht;

Neid; Verbitterung; Wut; Ärger (auf sich selbst oder auf Personen, die den Erfolg scheinbar oder tatsächlich blockieren).

2. Stellen Sie sich vor, Sie seien bereits erfolgreich. Sehen Sie sich am Ziel Ihrer Wünsche. Malen Sie sich das deutlich aus, einschließlich der Reaktion Ihrer Freunde, Ihrer Familie, Ihrer Kollegen. Wie fühlen Sie sich?
   Wenn Sie sich gut fühlen, beschreiben Sie das Gefühl näher, nehmen Sie wahr, wie es sich körperlich anfühlt und was es von Ihrem Herzen braucht. (Raum? Erlaubnis? Anerkennung? Gefühlt werden? Für möglich gehalten werden?)
3. Schauen Sie genauer hin: Gibt es auch negative Gefühle, die sich einstellen? Gibt es auch einen Teil, der sich unwohl fühlt? Auf welche Weise unwohl? Vielleicht gibt es einen Teil, der im Erfolgsfalle fürchtet, von den Seinen im Stich gelassen, beneidet, gehasst, abgelehnt oder nicht mehr geliebt zu werden; oder der befürchtet, bloßgestellt, kritisiert oder verurteilt zu werden; oder der befürchtet, sich schuldig fühlen zu müssen, oder keine Ruhe mehr zu haben...
   Nehmen Sie diese Gefühle bewusst wahr: die Angst und das negative Gefühl, vor dem dieser Teil Angst hat, und prüfen Sie jeweils, was sie von Ihrem Herzen brauchen. Auf diese Weise lösen Sie sich von der Identifikation mit diesen Gefühlen und geben ihnen, was sie brauchen. Darüber hinaus wird aus einem Teil Ihrer selbst, der Sie vorher unbewusst blockiert oder boykottiert hat, nun einer, den Sie ganz bewusst mitnehmen und um den Sie sich kümmern, während Sie Ihrem Erfolg entgegengehen.
4. Stellen Sie sich vor, dass sich der Erfolg nicht einstellt. Es wird Ihnen und anderen klar: Sie sind mit Ihrem Projekt

gescheitert. Wie fühlen Sie sich? Dies sind Gefühle, vor denen Sie wahrscheinlich Angst haben. Vermutlich müssen Sie erst die Angst vor diesen Gefühlen ins Herz holen, bevor Sie sich die schlimmen Gefühle anschauen können. Das sind die Schmerzen Ihrer seelischen Verletzungen. Sie sind ohnehin vorhanden, ob Sie sie bewusst wahrnehmen oder nicht.

Wenn Sie sie nicht bewusst wahrnehmen, wird die Angst vor Ihnen Sie weiterhin beherrschen, und Ihr Unterbewusstsein wird Sie immer wieder in Situationen bringen, in denen Sie Gelegenheit haben, diese alten Verletzungen zu entdecken und zu heilen, indem Sie den Schmerz fühlen, und sich auf diese Weise endlich von der alten Angst befreien. Mit anderen Worten: Die Wahrscheinlichkeit eines Misserfolgs ist relativ groß, solange es nicht wahrgenommene Gefühle in Ihnen gibt, die im Zusammenhang mit dem Thema Misserfolg stehen. Zum Beispiel: Das Gefühl, ein Versager zu sein; verachtet zu werden; nicht mehr geliebt zu werden; ausgelacht zu werden; lächerlich zu sein; gedemütigt zu werden; das Gefühl, klein zu sein, etc. Wenn Sie vor einem solchen Gefühl stehen, machen Sie sich bewusst, dass es ein Gefühl ist und keine Tatsache, und dass Sie es bewusst wahrnehmen können, statt weiterhin von der Angst vor ihm tyrannisiert zu werden. Spüren Sie Ihren Atem, und nehmen Sie sich vor, dieses Gefühl kennen zu lernen. Das ist der Trick, der Ihnen hilft, nicht darin unterzugehen, es aber auch nicht wieder verdrängen zu müssen.

5. Wenn Sie den Schmerz der Niederlage vorweg bewusst und vollständig gefühlt und Ihre Angst davor ins Herz ge-

schlossen haben, dann entfällt aus der Sicht der geistigen Logik heraus die Notwendigkeit einer äußeren Niederlage. Und umgekehrt: Wenn Sie das Glück des Erfolgs vorweg bewusst und vollständig gefühlt und Ihre Sehnsucht danach ins Herz geschlossen haben, dann entfällt die Notwendigkeit eines äußeren Erfolgserlebnisses.

6. Wenn Sie beides getan haben, dann sind Sie frei von dem Zwang, gewinnen zu müssen, und von der Furcht vor dem Verlieren. Sie können frei nach Ihrem Herzen handeln, ohne auf Ergebnisse zu spekulieren. Das ist der glücklichste Gemütszustand und erfahrungsgemäß außerdem die allerbeste Voraussetzung für tatsächlichen Erfolg.

2. Kreative Imagination

Nachdem Sie die Gefühle geklärt haben, können Sie anfangen, die kreative Imagination einzusetzen, um sich das gewünschte Ergebnis auszumalen. Ich rate davon ab, diesen Schritt vor dem ersten zu tun, denn erstens bringt es nichts, wenn unerkannte Gefühle im Spiel sind und zweitens soll diese Imagination nicht aus dem Ego, sondern aus einem offenen Herzen entstehen.

Die Technik

1. Versetzen Sie sich in einen meditativen Zustand.
2. Spüren Sie Ihren Atem. Spüren Sie Ihren Körper. Spüren Sie Ihr Herz.

3. Fragen Sie Ihr Herz, welches die allerschönste Vision des gewünschten Ziels ist, und erlauben Sie Ihrer kreativen Imagination, diese Vision in den leuchtendsten Farben zu malen.
4. Spüren Sie Ihre Sehnsucht, Ihre Begeisterung und Ihre Freude an dieser Vision. Wenn diese positiven Gefühle sich nicht einstellen, ist es entweder der falsche Tag, oder es ist nicht die Vision Ihres Herzens, oder es gibt noch unerkannte negative Gefühle, die erst bewusst gemacht und ins Herz geholt werden müssen.
5. Machen Sie sich bewusst, wem oder was die Realisation dieser Vision dienen soll. Hier sind sowohl die persönlichen als auch die überpersönlichen Zwecke gemeint; beispielsweise kann der Erfolg Ihrem Geldbeutel und Ansehen dienen oder Ihrem Wunsch nach Verwirklichung oder Anerkennung, und zugleich kann er einem Ideal, einer Gruppe von Menschen oder sonst etwas dienen, das größer ist als Ihre Person.
6. Bitten Sie die höhere Instanz, an die Sie glauben – Gott, Ihr höheres Selbst, Ihre geistigen Helfer oder Engel – um Unterstützung bei der Verwirklichung Ihrer Vision.

3. Die Intuition in Gang setzen

Nachdem Sie alle notwendigen Schritte zur geistigen Förderung Ihres Erfolgs unternommen haben, bleibt Ihnen noch ein letzter Schritt zu tun: Ihre Intuition in Gang zu setzen.

Danach können Sie das Thema getrost ruhen lassen und sich dem Tagesgeschehen zuwenden.

Die Technik

1. Versetzen Sie sich in einen meditativen Zustand.
2. Spüren Sie Ihren Körper und Ihren Atem. Prüfen Sie, ob Sie alle geistigen Schritte unternommen haben, die Sie unternehmen können, um Ihr Projekt voranzubringen. Prüfen Sie, ob Sie auf der materiellen Ebene alles dafür unternommen haben, was Sie bis jetzt unternehmen konnten.
3. Würdigen Sie all diese Anstrengungen, und beenden Sie sie. Sie haben alles getan, was Sie tun konnten.
4. Verweilen Sie in der Stille. Erholen Sie sich in dem schönen Bewusstsein, alles getan zu haben, was Sie tun konnten.
5. Bitten Sie um Eingebung und Führung in Bezug auf die weiteren Schritte, die zu tun sind.
6. Nehmen Sie sich vor, in den kommenden Tagen und Wochen auf Ihre innere Stimme zu achten. Schaffen Sie sich eine »Eselsbrücke«, die Ihnen hilft, daran zu denken. Sie können beispielsweise kleine Zettel oder Symbole verteilen, die Sie daran erinnern.
7. Nehmen Sie sich vor, sich weiterhin um den Teil zu kümmern, der Angst vor dem Erfolg hat. Erinnern Sie sich, was er von Ihrem Herzen gebraucht hat?

So lösen Sie Konflikte

Wer streitet, hat immer Angst. Finde heraus, was du schützt und verteidigst und wogegen du dich wehrst, mit anderen Worten, was dir Angst macht. Und dann erbarme dich deiner Angst.
Safi Nidiaye
in: »Die Stimme des Herzens«

Streitigkeiten und Konflikte können leicht bereinigt werden, wenn zumindest eine der Parteien bereit ist, ihr Herz zu öffnen. Und zwar für sich selber. Und das bedeutet, die Aufmerksamkeit statt auf die gegnerische Partei auf sich selbst zu richten und sich dem zuzuwenden, was einem an der Konfliktsituation so sehr zu schaffen macht.

Wenn Sie sich zur Zeit in einem solchen Konflikt befinden, dann vergeuden Sie Ihre Zeit nicht damit, zu verlangen, dass der andere in sich gehen soll – tun Sie es selbst. Sonst verschenken Sie eine wertvolle Gelegenheit, sich eines Teils Ihrer selbst bewusst zu werden, der Ihnen unbewusst stark zu schaffen macht. Auch wenn der andere noch so sehr im Unrecht zu sein scheint oder sogar ist – solange Sie sich mit der Person in einem Konflikt befinden, gibt es etwas in Ihnen, das schmerzt, und dieser Schmerz ist Ihr eigener und verlangt und braucht Ihre eigene Aufmerksamkeit. Selbst wenn die Person, mit der Sie sich im Konfliktzustand befinden, einlenkt, zur Raison kommt und ihr Verhalten in einer für Sie zufrieden stellenden Weise ändert, wird das Ihren Schmerz nicht heilen. Ihr Gemüt wird sich besänftigen, und der Schmerz wird wieder ins Unterbewusstsein abwandern.

Wenn Sie die Chance zur Bewusstheit nutzen, die dieser Konflikt und jedes andere Problem Ihnen bietet, werden Sie nach und nach merken, dass jeder Streitfall, jede Schwierigkeit und jedes Problem, ganz gleich, wer es auslöst, zu Ihrem Weg gehört und Ihre Chance zur Heilung und größerer Bewusstheit ist.

Nehmen wir an, Sie befinden sich in einem Konflikt mit einer anderen Person und möchten die Sache bereinigen oder zumindest Ihren eigenen Part klären.

Welche Schritte sind zu tun?

Erster Schritt: Die beteiligten Gefühle klären.

Wie bei allen anderen Problemen auch steht dies an erster Stelle. Gehen Sie allen Gefühlen auf den Grund, die die Sache in Ihnen aufwirft, und öffnen Sie Ihr Herz für sie. Irgendetwas gibt es auf dem Grunde dieser Gefühle, das Sie schmerzt. Betrachten Sie Ihre Gefühle so lange, bis Sie bis zu diesem Schmerz durchgedrungen sind und ihn bewusst fühlen können. Unter diesem Schmerz sitzt eine Sehnsucht. Sie enthält den Schlüssel zur Lösung. Sind Sie in der Lage, diese Sehnsucht von der Unterdrückung zu befreien? Sie zu fühlen und Ihr Herz für sie zu öffnen? Was braucht sie?

Zweiter Schritt: Meditation

Nachdem Sie auf diese Weise Ihre Gefühle geklärt und sich aus der Identifikation mit ihnen gelöst haben, können Sie in die Meditation eintreten.

Die Technik

1. Nehmen Sie einen tiefen Atemzug, und seufzen Sie dann hörbar.
2. Spüren Sie Ihren Körper und Ihren Atem.
3. Lösen Sie sich von der Angelegenheit, und nehmen Sie im Geist einen erhöhten Standpunkt ein, beispielsweise, indem Sie sich vorstellen, sich räumlich von der Erde zu entfernen – vielleicht in einem Ballon oder indem Sie sich auf einen Berggipfel begeben, jedenfalls in eine Position, in der Sie sich hoch über den Dingen befinden und einen guten Überblick haben.
4. Machen Sie sich mit dieser Position vertraut. Entdecken Sie – oder entdecken Sie wieder,– wie es sich anfühlt, hoch über den Dingen zu schweben oder zu stehen, frei, losgelöst, erhaben.
5. Wenn Sie dieses Gefühl eine Weile genossen und erforscht haben, dann können Sie aus dieser hohen Position heraus auf die fragliche Situation schauen.
6. Sie können Sie irgendwo ganz tief unten visualisieren. Verlassen Sie Ihren erhöhten Standpunkt nicht, lassen Sie sich nicht in die irdische Perspektive hineinziehen! Sehen Sie von hoch oben auf die Situation herab.
7. Tun Sie dann nichts weiter, als zu schauen und Ihren Atem zu spüren. Bleiben Sie völlig passiv. Wenn Sie eine Frage zu der Situation auf dem Herzen haben, können Sie diese Frage nun stellen, ohne sie zu beantworten oder über eine Antwort nachzudenken. Betrachten Sie die Situation einfach aus der Höhe, ohne etwas damit zu tun. Möglicherweise entdecken Sie etwas, das Ihnen bisher entgangen war.

8. Bevor Sie diese Meditation abschließen, begeben Sie sich ganz bewusst wieder von Ihrem hohen Standpunkt herunter und erden sich, indem Sie Ihren Körper spüren, sein Gewicht, den Bodenkontakt, die Fußsohlen und sich Ihre Position in Raum und Zeit bewusst machen, also sozusagen wieder auf den Teppich kommen.
9. Wenn Sie in dieser Meditation eine Erkenntnis, eine neue Sichtweise oder eine Inspiration gewonnen haben, dann verankern Sie diese gut in Ihrem Gedächtnis, bevor Sie sich wieder den Dingen des täglichen Lebens zuwenden.

Dritter Schritt: Die Perspektive des Konfliktgegners einnehmen

Diesen Schritt sollten Sie auf keinen Fall vor dem ersten tun, also nicht solange Sie stark mit Ihren eigenen Gefühlen identifiziert sind und Ihr Herz verschlossen ist.

Die Technik

1. Begeben Sie sich in einen meditativen Zustand.
2. Stellen Sie sich dann die Person Ihnen gegenüber sitzend vor, mit der Sie sich im Konfliktzustand befinden.
3. Verneigen Sie sich vor ihr, um sich an die göttliche Gegenwart in ihr zu erinnern.
4. Wechseln Sie dann im Geist den Standpunkt, indem Sie zu Ihrem Gegenüber werden.Versetzen Sie sich in die Per-

son hinein, und zwar nicht, indem Sie darüber nachdenken, wie diese Person denkt und fühlt (das führt nur dazu, dass Sie entdecken, wie Sie sich in ihrer Haut fühlen würden, was nicht dasselbe ist, wie herauszufinden, wie die andere Person sich in ihrer Haut fühlt), sondern stellen Sie sich vor, der andere zu sein. Schlüpfen Sie in seine Haut.
5. Betrachten Sie dann sich selbst und die Konfliktsituation mit seinen/ihren Augen. Achten Sie darauf, wie sich das anfühlt und wie Sie sich dabei fühlen. Möglicherweise bekommen Sie eine Ahnung davon, wie dieser andere Mensch sich in der Situation fühlt.
6. Bevor Sie diese Übung abschließen, bedanken Sie sich und kehren dann bewusst in Ihre eigene Perspektive zurück.
7. Spüren Sie Ihren Atem und Ihren Körper.
8. Verneigen Sie sich.

Vierter Schritt: Sich einer Lösung öffnen

Prüfen Sie, ob Sie bereit sind, sich einer Lösung des Konflikts zu öffnen. Dass Sie es nicht sind, können Sie daran erkennen, dass Sie auf Ihrem Standpunkt verharren und darauf bestehen, der andere solle etwas ändern. Sich einer Lösung zu öffnen, bedeutet auch bereit sein, zu erkennen, welche Veränderung man selber vornehmen muss. Sich einer Lösung zu öffnen bedeutet auch bereit zu sein, sich von seinem Groll oder seiner Selbstgerechtigkeit zu lösen, dies sollte aber mit dem ersten Schritt bereits geschehen sein – wenn nicht, dann müssen Sie bitte zur ersten Übung zurückkehren und Ihr Herz für Ihren Groll etc. öffnen).

Erklären Sie dann – dem Geist, dem Universum, Gott oder dem höheren Selbst – , dass Sie bereit sind, sich einer Lösung zu öffnen, und erbitten Sie Inspiration in Bezug darauf, was Sie konkret dazu tun können, und bitten Sie um eine (gute? vollkommene? richtige? göttliche?) Lösung.

Teil V: Meditationen für den täglichen Gebrauch

Die regelmäßige Meditation

Gott schuf euren Geist mit Flügeln, damit er sich zu den gewaltigen Räumen von Liebe und Freiheit emporhebe. Wie traurig, wenn ihr eure Flügel eigenhändig stutzt und es duldet, dass euer Geist sich wie ein Wurm auf der Erde windet.
Khalil Gibran

Ich kann Ihnen gar nicht genug ans Herz legen, täglich zu meditieren, und sei es nur für zehn Minuten. Sogar fünf Minuten lohnen sich bereits. Sie können diese Zeit nutzen, um zu sich zu kommen, Ruhe und Abstand zu gewinnen, den Kontakt mit der Tiefe Ihres Wesens zu erneuern und sich zu ordnen und zu stimmen. Wer nicht täglich meditieren kann oder will, findet vielleicht einen anderen regelmäßigen Rhythmus – zweimal oder einmal wöchentlich beispielsweise. Wer nicht regelmäßig, sondern nur gelegentlich meditiert, der sollte dafür den richtigen Augenblick wählen und damit in der Lage sein, sich beispielsweise eine halbe Stunde lang, ganz von der Außenwelt abzuschirmen und sich vollkommen der Meditation zu widmen. Wem die Übung fehlt, um schnell und leicht in einen meditativen Zustand zu gelangen, der braucht ein wenig mehr Zeit und eine besonders sorgfältige Vorbereitung.

Täglich eine halbe Stunde zu meditieren, reicht vollkommen aus. Idealerweise teilen Sie diese Zeit so auf, dass Sie morgens zwanzig Minuten und abends zehn Minuten lang meditieren – oder umgekehrt. Zusätzlich können Sie sich dann und wann (vielleicht einmal wöchentlich oder nach Bedarf) Zeit für eine ausführlichere Meditation nehmen. Sei es, dass Sie tiefer in die Stille gehen möchten, sei es, dass Sie ein Thema kontemplieren oder mit einem Problem arbeiten möchten.

Grundsätzlich kommt es jedoch nicht auf die Zeitdauer an, sondern auf die Intensität. Wer eine Minute lang intensiv nach innen lauscht, in absoluter Stille, Hingabe und Konzentration, der ist dem Erlebnis wirklicher Meditation sicher näher als jemand, der sich eine halbe Stunde lang mit einer geistigen Pflichtübung herumplagt.

Es ist wohltuend, hilfreich und für viele Menschen sogar notwendig, dem Körper zuerst ein wenig Bewegung zu verschaffen, bevor man meditiert. Ein Körper-Kurzprogramm zur Vorbereitung der Meditation finden Sie gleich zu Beginn des zweiten Teils dieses Buches (Seite 46).

Eine Meditationstechnik, die für die tägliche Praxis geeignet ist, habe ich ebenfalls im zweiten Teil vorgestellt. Sie dient als Basistechnik und gleichzeitig als Einleitung für die meisten der im dritten Teil geschilderten Methoden (dort entspricht sie der Anweisung »Begeben Sie sich in einen meditativen Zustand.«). Für die tägliche Kurzmeditation ist diese Methode vollauf ausreichend.

Hier folgen nun zwei weitere Meditationstechniken, die für den täglichen Gebrauch geeignet sind.

Eine tägliche Kurzmeditation

Die Technik

1. Nehmen Sie Ihre Meditationshaltung ein.
2. Fühlen Sie Ihren Körper, Ihre Emotionen, Ihre Stimmung. Lassen Sie Ihre Aufmerksamkeit einen Augenblick lang dort verweilen, wo Sie etwas Besonderes registrieren: einen Schmerz, einen Knoten, eine Verspannung, ein Gefühl von Enge, Trauer, Ärger, Gereiztheit, etc. Füllen Sie diese Empfindungen oder dieses Gefühl ganz mit Ihrer Aufmerksamkeit, Ihrem Atem, Ihrer Anteilnahme, bevor Sie weitermachen.
3. Wenden Sie sich Ihrer gegenwärtigen Lebenssituation zu. Welche Sorgen beschäftigen Ihre Gedanken? Welche Aufgabe liegt vor Ihnen? Welche Herausforderungen oder Probleme gilt es zu bewältigen? Wovor haben Sie Angst? Betrachten Sie die Gesamtsituation, ohne sie zu analysieren oder zu hinterfragen.
4. Lösen Sie dann Ihr Bewusstsein von alledem, und wenden Sie sich Ihrem Atem zu. Beobachten Sie, wie er die Bauchdecke hebt und senkt. Nehmen Sie jedes einzelne Einatmen und jedes einzelne Ausatmen wahr. Entspannen Sie sich. Nehmen Sie sich für einen Augenblick frei von den Sorgen der Welt und den Wetterschwankungen Ihres Gemüts. Seien Sie ganz bei sich, genießen Sie das gleichmäßige Heben und Senken der Bauchdecke.
5. Machen Sie sich Ihre Verbindung zur Erde über den untersten Teil Ihres Rumpfes (den Dammbereich) und Ihre Verbindung zum Himmel über den obersten Teil Ihres

Köpers (den Scheitelbereich) bewusst. Werden Sie Ihrer Längsachse gewahr, des Rückgrats. Stellen Sie sich vor, wie von unten Kraft aus der Erde und von oben Energie aus dem Kosmos in Sie einfließt. Laden Sie Ihren ganzen Körper mit Energie auf.

6. Fühlen Sie Ihr Herzzentrum in der Mitte Ihrer Brust. Verweilen Sie dort für einen Augenblick.
7. Stellen Sie sich auf Ihre Intuition ein, Ihre innere Führung. Nehmen Sie sich vor, sie im Verlauf des Tages wahrzunehmen und ihr zu folgen. Machen Sie sich bewusst, dass Sie, um das tun zu können, empfangsbereit und schnell sein müssen: Die innere Stimme ist ein flüchtiges Phänomen.
8. Verweilen Sie in der Stille.
9. Legen Sie die Handflächen über Ihrem Herzen zusammen, und atmen Sie kräftig durch die Nase (das erzeugt eine aktive Stimmung und große Wachheit), bevor Sie die Augen öffnen.

Die Lichtdusche

Wachheit, Intelligenz, Bewusstsein und gute Stimmung haben mit Licht zu tun. Redewendungen und Begriffe wie »Mir geht ein Licht auf«, »lichte Stimmung«, »Erleuchtung« sind einfache Beispiele dafür. Das Spektrum des für uns sichtbaren Lichtes ist gering, verglichen mit den Bereichen, die für unser Auge nicht wahrnehmbar sind. Die Zellen unseres Körpers nehmen Licht auf und strahlen Licht ab. Hellsichtige können einen regelrechten Lichtkörper wahrnehmen, die so genannte Aura.

Sich intensiv auf die Vorstellung von Licht zu konzentrieren, hat nicht nur psychische, sondern nachgewiesenermaßen auch physische Wirkungen, ebenso wie das reale Baden in echtem Sonnenlicht. Licht vertreibt Depressionen und Müdigkeit. Licht begünstigt Wachheit, Kreativität, »helle« Stimmungen und Lebensfreude. Licht gibt Vitalität.

Wer tiefer in die Lichtmeditation hineingeht, kann lernen, sich mit seinem Lichtkörper statt mit seinem Körper aus Fleisch und Blut zu identifizieren. Lichtkörper bilden nicht fest umrissene, klar voneinander getrennte Formen, sondern sie überschneiden sich mit anderen Lichtkörpern. Wir können, wenn wir uns auf eine feinere Art der Wahrnehmung einstellen, Welten aus ineinander verwobenen Lichtnetzen und -gestalten wahrnehmen. Das beginnt damit, dass wir es uns vorstellen. Wir können eintauchen in einen Lichtrausch. Letztlich kann man sich selbst als Licht entdecken: als »das Licht der reinen Intelligenz«, wie Mystiker sagen.

Täglich über Licht zu meditieren ist eine wunderbare Übung. Nicht nur, weil sie umfassende positive Wirkungen hat, sondern auch deshalb, weil sie in sich ein Genuss ist.

Die Technik

1. Begeben Sie sich in einen meditativen Zustand.
2. Lassen Sie sich von der Vorstellung erfassen, in Licht zu baden. Saugen Sie kraft Ihrer Vorstellung Licht in Ihren Körper. Intensivieren Sie diese Vorstellung mit jedem Atemzug. Mit jedem Einatmen nehmen Sie mehr Licht auf, mit jedem Ausatmen aktivieren Sie das Gefühl und die Wahrnehmung von Licht in Ihren Körperzellen, bis Ihr ganzer Körper im Licht vibriert und funkelt.
3. Wenden Sie sich Ihrem energetischen Herzzentrum in der Mitte der Brust zu. Stellen Sie sich vor, dass Ihr Herz eine intensiv strahlende Sonne ist. Fühlen Sie das Licht und die Wärme.
4. Lassen Sie im Geist Ihr ganzes Leben, all Ihre Beziehungen und Unternehmungen in Licht und Wärme strahlen.
5. Lassen Sie dieses Licht durch Ihre Augen ausstrahlen, während Sie langsam die Augen öffnen.

Im alltäglichen Zustand ist unser Bewusstsein der Außenwelt und den Gedanken, die wir über die Außenwelt hegen, zugewandt. Wenn wir niemals in die Innenwelt eintauchen sprich meditieren, bewegen wir uns stets an der Peripherie unseres Seins. Anstatt aus unserer Mitte heraus zu agieren, reagieren wir und erleben uns als Opfer unserer Umwelt, der Lebensumstände und unser selbst – unserer eigenen Emotionen und Gedanken. Die tägliche Meditation gibt uns Gelegenheit, Kontakt aufzunehmen mit der Tiefe unseres Wesens, aus der neue Inspirationen, neue Ideen, neue Qualitäten und neue Möglichkeiten ständig auftauchen, wenn wir es nur zulassen.

Meditation ist ein Jungbrunnen für Geist und Psyche und indirekt auch für den Körper, da der Körper natürlich auch auf geistig-psychische Erneuerung reagiert.

Auf der inneren Reise, dem Weg der Meditation, gibt es unendlich viel zu entdecken. All die geschilderten Techniken zur Arbeit mit den alltäglichen Problemen und Emotionen sind nur der Anfang; alle Techniken, sei es körperzentrierte Herzensarbeit, Kontemplation, stilles Sitzen oder Licht-Dusche, sind nur Vorbereitung und Rahmen für die eigentliche Meditation, die dann eintritt, wenn wir alles Tun hinter uns lassen und eintauchen ins reine Sein.

Dies ist nicht etwas, was man tun kann, sondern etwas, was geschieht; jedoch müssen wir uns dazu die Gelegenheit geben.

Diese Gelegenheit ist die Zeit, die wir für unsere Meditation verwenden.

Letztlich geht es bei der Meditation nicht um Probleme, auch nicht um schöne Erlebnisse oder Erkenntnisse, sondern um uns selber. Schicht um Schicht entdecken wir unser eigenes Wesen, das in unserer Tiefe verbunden, letztlich eins ist mit dem Wesen alles Lebendigen.

Mögen die Anregungen dieses Buches Sie zu dieser Entdeckung inspirieren.

Anhang

Literaturnachweis/Quellenangaben

Die verwendeten Zitate stammen aus folgenden Büchern:

Beck, Charlotte Joko: Zen im Alltag. Droemer/Knaur Verlag, München 2000

Buber, Martin: Ich und Du. Reclam Verlag, Ditzingen 1995

Castaneda, Carlos: Der Ring der Kraft. Don Juan in den Städten. Fischer Verlag, Frankfurt 1992

Castaneda, Carlos: Reise nach Ixtlan. Die Lehre des Don Juan. Fischer Verlag, Frankfurt 1992

Castaneda, Carlos: Tensegrity. Die magischen Bewegungen der Zauberer. Fischer Verlag, Frankfurt 1998

Gibran, Khalil: Quell des Friedens. Knaur Verlag, München 2003

Gray, John: Männer sind anders – Frauen auch. Männer sind vom Mars, Frauen von der Venus. Goldmann Verlag, München 1998

Khan, Hazrat Inayat: Das Erwachen des menschlichen Geistes. Synthesis Verlag, Essen 1982

Khan, Pir Vilayat: Der Ruf des Derwisch. Synthesis Verlag, Essen 1982

Khan, Pir Vilayat: Erwachen. Eine Sufi-Erfahrung. Goldmann Verlag, München 2001

Krishnamurti, Jiddu: Ideal und Wirklichkeit. Aus den Tagebüchern. Humata-Verlag, Bern 2001

Mulford, Prentice: Unfug des Lebens und des Sterbens. Fischer Verlag, Frankfurt 1992

Nidiaye, Safi: Aufwachen & Lachen. Der einfache Weg zur Freiheit von Ärger, Angst und Leid. CD mit Booklet. Integral Verlag, München 2004

Nidiaye, Safi: Befreie Deine Sehnsucht. Glanz und Freude ins Leben bringen, damit die Seele atmen kann. Ansata Verlag, München 2005

Nidiaye, Safi: Das Tao des Herzens. Wie Sie Ihre Gefühle befreien. Ullstein Verlag, München 2004

Nidiaye, Safi: Die Stimme des Herzens. Der Weg zum größten aller Geheimnisse. Bastei Lübbe Verlag, Bergisch-Gladbach 2000

Nidiaye, Safi: Herz öffnen statt Kopf zerbrechen. Der Weg zu Freiheit, Freude und Frieden. Ullstein Verlag, Berlin 2005

Nidiaye, Safi: Liebe ist mehr als ein Gefühl. Partnerschaft, Sexualität, Spiritualität. Ullstein Verlag, Berlin 2004

Roberts, Jane: Die Natur der persönlichen Realität. Ein neues Bewusstsein als Quelle der Kreativität. Hugendubel Verlag, Kreuzlingen/München 2002

Rodegast, Pat und Stanton, Judith: Emanuels Buch. Droemer-Knaur, München 1992

Das Thomas-Evangelium. Zitiert nach: Suares, Carlo: Bericht über die Rückkehr eines Rabbi namens Jesus. Südergellersen 1993